信 阳 师 范 大 学 商 学 院

河南省哲学社会科学年度规划一般项目"产业数字化驱动大别山革命老区协同发展的理论机制与策略选择研究"（2024BJJ030）阶段性成果；信阳师范学院"南湖学者奖励计划"青年项目资助

劳动力转移成本 与产业空间分布

基于新经济地理学视角的分析

李 俊◎著

中国财经出版传媒集团

经济科学出版社
Economic Science Press

·北 京·

图书在版编目（CIP）数据

劳动力转移成本与产业空间分布：基于新经济地理学视角的分析／李俊著．--北京：经济科学出版社，2025.3. --（信阳师范大学商学院学术文库）．--ISBN 978-7-5218-6563-9

Ⅰ．F249.21；F320.1

中国国家版本馆 CIP 数据核字第 2024YM2678 号

责任编辑：顾瑞兰
责任校对：杨　海
责任印制：邱　天

劳动力转移成本与产业空间分布

——基于新经济地理学视角的分析

李　俊　著

经济科学出版社出版、发行　新华书店经销

社址：北京市海淀区阜成路甲 28 号　邮编：100142

总编部电话：010-88191217　发行部电话：010-88191522

网址：www.esp.com.cn

电子邮箱：esp@esp.com.cn

天猫网店：经济科学出版社旗舰店

网址：http：//jjkxcbs.tmall.com

固安华明印业有限公司印装

710×1000　16 开　11.5 印张　180000 字

2025 年 3 月第 1 版　2025 年 3 月第 1 次印刷

ISBN 978-7-5218-6563-9　定价：55.00 元

（图书出现印装问题，本社负责调换。电话：010-88191545）

（版权所有　侵权必究　打击盗版　举报热线：010-88191661

QQ：2242791300　营销中心电话：010-88191537

电子邮箱：dbts@esp.com.cn）

总　序

商学院作为我校 2016 年成立的院系，已经表现出了良好的发展潜力和势头，令人欣慰、令人振奋。学院办学定位准确，发展思路清晰，尤其在教学科研和学科建设上成效显著，此次在郑云院长的倡导下，拟特别资助出版《信阳师范学院商学院学术文库》，值得庆贺，值得期待！

商学院始于我校 1993 年建设的经济管理学科。从最初的经济系到 2001 年的经济管理学院、2012 年的经济与工商管理学院，发展为 2016 年组建的商学院，筚路蓝缕、栉风沐雨，凝结着教职员工的心血与汗水，昭示着商学院瑰丽的明天和灿烂的未来。商学院目前拥有河南省教育厅人文社科重点研究基地——大别山区经济社会发展研究中心、理论经济学一级学科硕士学位授权点、工商管理一级学科硕士学位授权点、理论经济学河南省重点学科、应用经济学河南省重点学科、理论经济学校级博士点培育学科、经济学河南省特色专业、会计学河南省专业综合改革试点等众多科研平台与教学质量工程，教学质量过硬，科研实力厚实，学科特色鲜明，培养出了一批适应社会发展需要的优秀人才。

美国是世界近现代商科高等教育的发祥地，宾夕法尼亚大学于 1881 年创建的沃顿商学院是世界上第一所商学院。我国复旦公学创立后在 1917 年开设了商科。改革开放后，我国大学的商学院如雨后春笋般成立，取得了可喜的研究成果，但与国外相比，还存在明显不足。我校商学院无论是与国外大学还是与国内大学相比，都是"小学生"，还处于起步发展阶段。《信阳师范学院商学院学术文库》是起点，是开始，前方有更长的路需要我们一起走过，未来有更多的目标需要我们一道实现。希望商学院因势而谋、应势而动、顺势而为，进一步牢固树立"学术兴院、科研强院"的奋斗目标，走内涵式发展之路，形成一系列有影响力的研究成果，在省内高校起带头示范作用；进一步推出学术精品、打造学术团队、凝练学术方向、培育学术特色、发挥学术优势，尤其是培养一批仍处于"成长期"的中青年学术骨干，持续提升学院发展后劲并更好地服务地方社会，为我校实现高质量、内涵式、跨越式发展，建设更加开放、充满活力、勇于创新的高水平师范大学的宏伟蓝图贡献力量！

"吾心信其可行，则移山填海之难，终有成功之日；吾心信其不可行，则反掌折枝之易，亦无收效之期也。"习近平总书记指出，创新之道，唯在得人。得人之要，必广其途以储之。我们希望商学院加快形成有利于人才成长的培养机制、有利于人尽其才的使用机制、有利于竞相成长各展其能的激励机制、有利于各类人才脱颖而出的竞争机制，培植好人才成长的沃土，让人才根系更加发达，一茬接一茬茁壮成长。《信阳师范学院商学院学术文库》是一个美好的开始，更多人才加入其中，必将根深叶茂、硕果累累！

让我们共同期待！

前　言

　　40 多年的改革开放，我国经济发展取得了令世界瞩目的成绩。从改革开放初期一个一穷二白的、农业生产占主导地位的落后国家；发展到今天，已经成为经济总量稳居世界第二位的发展中大国，经济面貌发生了翻天覆地的变化。诚如党的二十大报告中指出的那样，我们已经取得了优异的成绩，但是仍然要看到发展中存在的问题，我国的经济发展已经处于更加追求发展质量的新阶段。当下"人民日益增长的美好生活需要和不平衡不充分的发展之间的矛盾"，是新时代我国面临的主要社会矛盾，其中不平衡的发展问题尤其突出，区域间沿海与内陆地区之间发展不平衡，区域内典型的大城市与周边落后乡村之间也存在鲜明反差。这也充分体现了在经济发展过程中经济系统广泛存在着"核心-边缘"的经济空间格局。

　　完美结合 DS 框架和"冰山交易成本"的新经济地理学，为从空间角度解释这种广泛存在的经济集聚现象提供了新的思路，并得出了较具说服力的内生演化机制。然而，代表性的经济主体与忽视流动要素成本的新经济地理学模型，并不能充分说明经济现象背后的微观机制。改革开放以来，我国的劳动力经历了从完全被束缚到适当放松再到合理引导充分允许自由流动的过程。劳动力有条件地再流动，在我国以劳动力密集型加工贸易为主体的外向型经济发展阶段，扮演了重要的作用。可以说，没有劳动力的流动，我国的经济成就是不可能实

1

现的。当然，这个过程中，依然存在着各种制约劳动力流动的因素。另一个事实是，伴随着经济的快速发展，我国教育经费投资的绝对数额以及教育经费投资占 GDP 的比例逐渐增加，从业人员的劳动素质普遍得到提高，劳动者之间的异质性也越来越显现，正逐渐成为影响经济发展的又一个重要因素。

基于以上考虑，我们将劳动力的转移成本（外在属性）和劳动力的异质性（内在属性）共同引入经典的 CP 模型中，试图对模型进行修正，在采用新经济地理学理论解释我国的经济集聚现象的过程中，使其更能符合我国的具体国情。本书的研究结论主要包括以下几个方面：一是，存在劳动力转移成本影响的 CP 模型不再具有对称均衡的稳定结构。这是因为劳动力要想在区域间进行转移，就必须在能够消弭由于转移成本而导致的工资收入损失之后，仍然能够有剩余而且超过其在当地所能获得的工资收入。这就要求劳动力转入地区的市场规模足够大，才能对流动的劳动力具有吸引力，也同时打破了对称均衡存在的可能。二是，存在劳动力转移成本的 CP 模型仍然具有"核心-边缘"的稳定结构。但是，随着劳动力转移成本的逐渐升高，模拟的滚摆线图将不再与横轴相交，这就意味着当转移成本足够大时，将制约劳动力的流动，经济系统就不可能存在经济活动的集聚。三是，具有不同贸易自由度的市场环境，对劳动力转移成本的反应存在差异。具体来说，当存在劳动力的转移成本影响时，具有较高水平的贸易自由度倾向于扩大本地区的市场规模，这可能与聚集租金和拥挤效应之间的博弈有关。四是，区域内不同技能水平劳动力的组合是影响区域市场规模的重要因素，尤其是高技能水平的劳动力。由于存在技能溢出效应，高技能水平劳动力的市场份额越大，区域市场规模就会越大。五是，不同技能水平劳动力的实际工资差额与相对技能水平劳动力的市场份额存在交叉影响，只不过高技能水平劳动力的实际工资差额对低技能水平劳动力市场份额的影响更大，这可能与高技能水平的劳动力存在技能溢出效应有关。因此，在推进新一轮经济发展的过程中，我们要充分重视劳动力的转移成本和劳动力的异质性在经济发展中的重要影响，有条不紊地调整各种不适合劳动力自由流动的制度安排，更加重视教育投资在培育人力资本过程中的重要作用。

目　录

第一章 导 论

——— 第一节 选题背景和意义 ———

一、选题背景

（一）哲学基础

古典经济学自"诞生"以来，就是力图说明在市场的力量之下，各种要素可以自行地按照市场规律达到配置的均衡。这种均衡，不仅是指要素利用上的最优化，也暗指与要素最优配置相对应的整体经济结构的最优；同时，这种均衡可以自我消化由于内在或外在的冲击而对均衡状态产生的影响。新古典经济学继承了古典经济学均衡的哲学思想，同时，期望通过"综合"将微观经济学和宏观经济学完美结合，最终目的仍然是想达到经济现象的均衡。

主流的经济学发展至今，随着客观经济事实的发展、各种经济问题的出现，经济分析的理论构建与研究工具越来越进步、完善，对于经济规律的认识也越来越深入。理论主干和分支体系，无论延伸发展到哪一个阶段，都有一个看不见的以"均衡"为最优目的的手，左右着整体经济研究的方向。但是，几乎所有分析的范式，都是站在"均衡"的对立面——"不均衡"为分析问题的出发点，以探求经济的演化。

任何问题的出现，都可以看作是矛盾的对立统一。追求经济均衡的经济规律的研究，正是以"不均衡"为客观研究条件，努力探索达到"均衡"的经济路径。

要素是经济活动的细胞，其中最活跃最具代表性的经济要素当属劳动力。劳动力的劳动、劳动力的流动、劳动力的配置、劳动力的消费等，带来了整个经济的活力与经济的发展。劳动力为什么会流动？背后的哲学基础，是因为存在着不均衡，存在着差异。为了消弭这种差异，才会存在劳动力的流动；流动的目的仍然是达到一种均衡。这种均衡，可以是相同的工资、相同的待遇或者相同的效用。

我们知道，任何一种经济活动都要"立足"于一定的地理空间，不均衡（或者称为异质性）是地理空间的本质属性。所以，经济学的分析天然就带有这种不均衡的"秉性"，只是单纯的理论构建与分析工具，也只有在新经济地理学（NEG）的创立后，才真正得到了主流经济学对空间的经济学分析的认可，也就是重新统一了这种"不均衡"与"均衡"的博弈。背后，仍然是这种客观"不均衡"的存在，推动着"均衡"目标的研究与实现。

经济活动的集聚，是最为普遍的经济现象。这种要素活动空间分布不均衡的现象，也是经济要素在追求最优化的过程之后，所留下的最佳"痕迹"。研究这种集聚现象，就是在揭示经济现象背后"均衡"与"不均衡"矛盾的统一。而"不均衡"在一定程度上，可以用产业的空间分布来表达；以异质性劳动力流动的分析视角，探求这种"不均衡"的内在成因；这就是本书逻辑思考的哲学背景。

（二）现实背景

1. 逆全球化，外部环境恶劣

纵观新中国成立以来所取得的经济发展，正是不断地促进生产关

系与生产力之间的协调，才取得了一个又一个成就。新中国成立初
期，我国是以农业为主的经济体，整体经济落后，生产力水平低下，
结合国内外的形势，适时采用了计划经济体制发展国民经济。1949～
1952 年，基本上恢复了解放战争前的生产力水平；1952～1978 年，
人均 GDP 年均增长 2.97%。[①] 以当年价格计算，1952 年 GDP 为 679
亿元，1978 年 GDP 达到 3645.2 亿元，增长了近 4.4 倍。在这一过程
中，当生产力与生产关系协调时，经济稳定平稳发展，如 1949～1952
年；当生产关系超越生产力水平时，经济发展面临严重威胁甚至是崩
溃，如 1958～1960 年。到 1978 年，计划经济体制充分暴露了在推动
经济进一步发展的乏力与弊病，尤其是计划手段在资源配置的过程
中，严重扭曲了资源的市场价格属性，最直观的表现形式就是长时间
存在于农产品市场的"剪刀差"。随着世界科学技术的进步与新的贸
易形式的出现，计划经济体制与封闭的经济发展模式已经不能再指引
我国的经济发展。生产力的发展，势必要求生产关系进行适应性的调
整。党的十一届三中全会以后，我国适时地进行了改革开放，不断地
调整那些不适应生产力发展的生产关系，促进了资源的流通，有效地
优化了资源配置。经过近 40 年的努力，我国已经取得了举世瞩目的
成就。2009 年第二季度的 GDP 超过日本以后，我国已经成为世界上
仅次于美国的第二大经济体，整体经济实力稳步提升。2013 年，我国
的进出口贸易总额超过了美国，成为世界第一大贸易国；2023 年，我
国人均 GDP 达到 89358 元，人均可支配收入为 39218 元，已经跃升到
中等收入水平国家的行列。经济收入的提高，意味着人们消费能力的
增强，消费升级步伐也正在加快。国家统计局发布的 2023 年国民经
济和社会发展统计公报显示，2023 年全国居民恩格尔系数为 29.8%，

---

① Xiaodong Zhu. Understanding China's Growth: Past, Present, and Future [J]. Journal
of Economic Perspectives, 2012, 26 (4): 103 - 124.

接近联合国划分的 20% ~30% 的富足标准。

历史已经证明，中国的发展离不开世界。[①] 改革开放以来，我国抓住了第四次产业转移的历史机遇，充分利用劳动力资源的成本比较优势，发展劳动力密集型加工贸易产业，积极融入国际产业链。2001年，我国正式加入 WTO。可以从另一个角度说，正是经济的全球化与我国的改革开放，我们才能取得如今的经济发展成就。

但是，由西方主要发达国家主导的全球化，历来都存在着发展的利益分配不公平问题。较显著表现为，全球化更多照顾考虑发达国家的利益，而部分牺牲发展中国家的利益。随着全球化的发展，有一大批发展中国家尤其是以新兴经济体为代表的国家，在过去的一段时间内快速崛起，改变了以往传统的国际贸易格局，有力地推动了世界多极化发展态势。然而，这种态势加剧了新兴国家与发达国家之间在国际新秩序下的矛盾。特别是 2008 年的国际金融危机以来，世界经济面临下行压力，国际贸易疲软。为了转移国人视线，更好地发展本国经济，贸易保护主义、地方主义正在强势回归。整个世界范围内，逆全球化风潮正在"激情涌动"，部分区域已经出现全球化系统性塌陷。据世界贸易组织估计，受世界范围内保护主义的影响，2016 年全球服务和货物贸易增速仅为 1.7%。英国经济政策研究中心发布的《全球贸易预警》显示，2008 年 11 月至 2016 年 10 月，二十国集团成员实施的贸易保护主义措施总计达 5560 项，2016 年以来新增贸易保护主义措施 401 项。[②] 诚如世界贸易组织（WTO）总干事恩戈齐·奥孔乔－伊维拉（Ngozi Okonjo-Iweala）表示的，"全球范围内的贸易保护主义正在增加，有些行为正在破坏 WTO 规则，这导致贸易领域出现

---

① 邓小平. 邓小平文选. 第 3 卷 ［M］. 北京：人民出版社，1993：78.
② 徐秀军. 治理"赤字"助长分配不均 ［N］. 人民日报，2017－04－14.

破碎化现象"①。如果再加上世界其他经济组织与国家的贸易保护政策，世界范围内的逆全球化风潮正在"越刮越猛"。

中国开放的大门永远不会关上。由我国倡导并践行的"一带一路"倡议，已经为沿线、沿边国家的发展带来生机，为世界经济的发展注入了新的活力。据商务部统计数据显示，我国对"一带一路"相关国家的投资累计已达 511 亿美元，占同期对外直接投资总额的12%；与沿线国家新签承包工程合同 1.25 万份，累计合同额 2790 亿美元。② 2017 年 5 月，习近平主席在"一带一路"国际合作论坛上宣布，中国将从 2018 年起举办中国国际进口博览会；首届中国国际进口博览会于 2018 年 11 月 5～10 日举行；2024 年 7 月 3 日，2025 年第八届进博会招展仪式在"进博会走进广西"活动期间盛大举行。为了更好地利用好国际和国内两个市场，进行社会主义建设的伟大实践，我们不得不充分考虑国际发展形势，对逆全球化风潮，必须引起足够的重视。

2. 人口结构调整，国内面临人口老龄化挑战

中国是社会主义国家，国家的制度与政策对经济的发展有着重要的影响。尤其是改革开放以来，由计划经济向市场经济的转轨，促进了经济的高速度增长。除此之外，中国特有的户籍制度以及计划生育政策，都在实质性地塑造着我国的经济地理空间格局。

朱晓东（Xiaodong Zhu，2012）的研究表明，1952～1978 年中国的经济增长主要来源于物资资本和人力资本的投入，而 1979～2007 年经济增长的源泉受益于年均 3.16% 增长率的 TFP，在这一阶段 TFP 对人均 GDP 增长的贡献达到 77.89%。改革开放以后，我国逐渐放开

①　贸易保护主义行为日益增多！WTO 总干事警告世界将付出高昂的代价 [EB/OL]. https：//finance. sina. com. cn/jjxw/2024－07－08/doc－incckit8469404. shtml.
②　"一带一路"建设三年成绩显著 中国企业迎国际发展大空间 [EB/OL]. http：// news. xinhuanet. com/fortune/2016－09－07/c_ 129272433. htm.

了对劳动力流动的限制，劳动力尤其是农村劳动力的再配置，对我国经济的增长至关重要。这种再配置效应，对我国 TFP 增长的贡献率达到32%～45%（丁宵泉，2001）。蔡昉（1999）通过考察20世纪80年代的劳动力流动数据，发现大规模的劳动力流动对我国经济增长的贡献率超过10%。李国峰（2009）以北京市为例，考察了外来劳动力对北京市经济增长的贡献，考察期内这一贡献率年均有11.3%。已有的文献与现实情况均佐证了劳动力的流动在经济增长过程中的重要作用。

拥有庞大的人口以及可以用于生产的廉价劳动力，是我国经济能够得以快速发展的一个重要内部原因。也就是说，在经济增长的过程中，我国享受着"人口红利"。相关文献证明，改革开放以来，人口红利对我国整体经济的增长贡献率达到1/4。[1] 经过40多年快速的经济增长，我国仍然有1/3份额的劳动力留在农业部门，但是考虑到大多数滞留农村的劳动力由于年龄的限制，已不可能再发生转移（蔡昉，2007）。伍山林（2016）通过考察劳动力的制度异质性对经济增长的贡献，也得出简单扩大农村劳动力转移规模实现我国经济增长的空间已相当有限。

我国实施了近半个世纪的计划生育政策，完成了我国由高出生率、高死亡率、低人口增长率阶段到低出生率、低死亡率、低人口增长率的人口结构转变。在这一过程中，计划生育政策有效地调整了我国的人口结构，缓解了人口的过度增长可能给资源、环境、经济增长带来的压力。

然而一个严峻的现实是，计划生育政策对我国人口结构进行有效调整的同时，当下我国人口也正在加速走向老龄化。如果以 65 岁及

---

[1] F. Wang, A. Mason. The Demographic Factor in China's Transition［A］. in L. Brandt, T. G. Rawski（eds.）. China's Great Economic Transformation［C］. Cambridge：Cambridge University Press，2008：136－166.

以上人口占总人口的比例达到 7% 为人口老龄化的划分标准，我国在 2000 年已经进入老龄化社会。2014 年，全国 60 岁以上老年人口达到 2.1 亿人，占总人口的比例为 15.5%，2.1 亿人里有将近 4000 万人是失能、半失能的老人。据联合国人口预测数据显示，2015 年开始，中国的劳动人口绝对下降，到 2030 年，65 岁及以上老年人口将占中国总人口的 16.67。[①] 而根据第七次全国人口普查（以下简称"七普"）数据显示，截至 2020 年，60 岁及以上人口达 26402 万人，占总人口的比例为 18.7%；人口老龄化程度进一步加深，未来一段时期将持续面临人口长期不均衡发展的压力。

劳动力老化主要是通过降低整个经济系统的劳动参与率，变相减少有效劳动供给，进而使人均产出量和总产出量减少，给整个经济系统的经济增长带来副作用，不利于经济的可持续发展（李玉梅、童玉芬，2016；谢立梨、韦煜堃，2022）。2018 年，第八次全国职工队伍调查报告数据显示，我国职工队伍平均年龄已达 37.1 岁，其中农民工的平均年龄为 34.1 岁。七普数据显示，2020 年我国 15～64 岁劳动力人口规模约为 9.68 亿人，在世界各国中依然排名第一；但是，青壮年劳动力（15～44 岁）人口占比不断下降，而老年劳动力（45～65 岁）人口比重持续上升。与发达国家的人口老龄化不同，我国的经济基础仍然薄弱，存在严重的"未富先老"状态，在还没有建立起比较完善的社会保障体制的情况下，将严重制约可持续发展的经济步伐。由于人口老龄化导致的劳动力人口减少，将使我国在 2025～2030 年的经济增长速度下降到 5.5%（黄祖辉、王鑫鑫等，2014）；如果再综合考察其他因素，2026～2040 年"三大因素"将造成我国潜在经济增速下降约 0.3 个百分点（张晓晶、汪勇，2023）。

---

① United Nations, Department of Economic and Social Affairs, Population Division (2013), World Population Prospects: The 2012 Revision [DB/OL]. http://esa.un.org/unpd/wpp/unpp/panel_indicators.htm, 2013-06-13.

人口老龄化的同时，人口的规模也在收缩。国家统计局数据显示，以 15～59 岁作为劳动年龄人口统计指标，2012 年我国首次出现劳动年龄人口数量的绝对下降，相较于 2011 年全年劳动年龄人口减少约 345 万人。如果按照当下的人口趋势继续发展，2015～2050 年中国总适龄工作人口将会收缩 23%，20～30 岁年龄段的人口收缩更快。随着人口抚养比的相应上升，生之者寡，食之者众，中国的人口红利将趋于消失。

我国是人口大国，合理的人口政策将对我国的劳动力规模与结构产生重要影响，同时将更深层次地决定着经济社会的稳定与增长。为了促进人口的均衡发展，应对人口老龄化，完善人口发展战略，2015 年我国全面施行"二孩政策"。2016 年 12 月 30 日国务院发布《国家人口发展规划（2016—2030 年）》（以下简称《规划》）。《规划》指出，未来十几年特别是 2021～2030 年，我国人口发展进入关键转折期；同时强调要以促进人口均衡发展为主线，坚持计划生育基本国策，鼓励按照政策计划生育，充分发挥全面"两孩"政策效应，综合施策，创造有利于发展的人口总量势能、结构红利和素质资本叠加优势，促进人口与经济社会、资源环境协调可持续发展。

3. 新时代，新矛盾的判断

党的十九大于 2017 年 10 月 18～24 日在北京顺利召开。在大会上，习近平总书记作了题为《决胜全面建成小康社会 夺取新时代中国特色社会主义伟大胜利》的报告，总结了党的十八大以来党在经济社会发展过程中取得的各项成就，并为新时期指明了前进方向。党的十九大报告作出了一个重大的政治判断，就是中国特色社会主义进入了新时代，意味着社会主要矛盾发生了变化。"人民日益增长的美好生活需要和不平衡不充分的发展之间的矛盾"是新时代我国社会的主要矛盾，这种定位，主要依据生产力的供给侧与人民群众的需求侧间关系已经发生了的新变化。党的二十大报告指出，新时代新征程中国共产党的使命任务是"从现在起，中国共产党的中心任务就是团结带领全国各族人民全面建成社会主义现代化强国、实现第二百年奋斗目标，以中国式现代化全面推进中华民族伟大复兴"。这种判断，将在很长一段时间内影响与决定经济社会发展的主要方向。

按照世界银行对国家发展程度的划分标准，我国已经进入中等偏上收入国家行列。但是，一个不容置疑的事实是，在取得整体经济增长"奇迹"的同时，发展的不平衡已经成为制约我国经济增长的主要矛盾。这种不平衡，既有资源条件约束，又有国家政策导向影响。典型的表现如区域发展的不平衡、城乡收入差距不平衡以及不同群体之间的不平衡。以收入分配为例，国家统计局数据显示，我国居民收入基尼系数呈现波动式下降趋势，自从 2008 年达到最高点的 0.491 后，近些年一直维持在 0.465 左右。从更微观的调查数据入手，一些学者得出的居民收入基尼系数更高，达到 0.61（甘犁等，2012）。再加上当下最为明显的"东北沦陷"问题、"中部崛起"问题等。无论是官方的政策倾向与数据披露，还是经济学者的研究，都显示着这种发展不平衡的客观存在。

发展的不充分，在一定程度上来说其内在成因是资源的错配。由于体制障碍、技术障碍、市场障碍等原因，资源并没有随着动态经济发展的内在需求，而被分配到最能发挥其潜能的位置、部门或者领域，使得资源真实的效能不能充分发挥，随即导致资源错配。我国整体资源配置不充分、效率低下，使得 1998～2013 年全要素生产率平均下降 42.7%（陈诗一、陈登科，2017）。再以土地资源配置为例，计划经济时代严重束缚了土地资源的有效利用，随着家庭联产承包责任制的实施与广泛推行，在改革开放初期的确为恢复我国的农村经济与农业生产发挥了非常重要的作用（林毅夫，1992）。然而，以人口为基础的平均分配土地的制度，忽视了在农业生产过程中农户个体的异质性，长期发展势必导致土地资源的配置不当。已有研究文献表明，若土地资源能够完全有效配置，考察期内农业生产的 TFP 平均而言能够提高 1.36 倍，同时农业劳动力占比可以下降 16.42%，总和的劳动生产率可以有效提高 1.88 倍（盖庆恩、朱喜等，2017）。

发展的不充分，其外在表现就是严重的环境污染与生态环境破坏。粗放式的快速经济发展，已经使我国的环境问题越来越成为制约经济和谐发展的限制条件（秦书生、李瑞芳，2022）。考虑到资源环境承载力问题，我国已经有 69 个资源枯竭型城市（县、区）等待着经济发展的绿色转型。

破解发展的不平衡不充分问题，必将在未来较长一段时间内，成为我国经济研究与政策制定的主要关注领域。要想厘清我国发展不平衡的突出问题，最好的切入点，当属研究劳动力的跨区域流动与产业的升级或者跨区域转移背后的形成机制。只有充分把握二者之间的动态关系，才能为更高质量推进中国式现代化提供理论支撑与政策建议。一个流动的中国社会，是当下最明显的特征表现。在推进工业化和城市化的过程中，"大工业的本性决定了劳动力的变换、职能的变动和工人的全面流动性"①。

（三）理论基础

经济学是研究稀缺资源如何有效配置的科学。无论是古典经济学还是现代经济学，空间因素都是研究经济现象时不可忽略的因素之一。经济空间和地理空间本质上是不均匀的，对这种不均匀本质进行经济学分析，并从中得出政策施行的理论依据，目的在于促进经济发展和区域经济的均衡增长。传统的主流经济学在规模收益不变（或者规模收益递减）与完全竞争的市场框架下，考察资源的配置问题。资源、市场、区域不可能剥离空间属性而独立存在，并且空间位置具有排他性，一个

---

① 马克思，恩格斯. 马克思恩格斯全集（第 23 卷）[M]. 北京：人民出版社，1992：353－354.

位置被一种经济活动占据的同时，就不能为其他的经济活动提供相同的区位，这也在某种程度上体现了空间的稀缺性，因此忽略空间因素的经济学考察，并不能科学说明资源配置的有效性与完整性。

所有现实中我们观察到的经济现象，背后都有要素的流动与参与，而要素流动最明显的结果就是经济活动的空间集聚。传统的主流经济学，由于无法通过合适的技术工具，将要素的空间属性纳入经济学的分析中，则只能"隔靴搔痒"地探讨要素的集聚现象。但是，理论分析一直在进行这方面的探讨，典型的而且具有深远影响的当属马歇尔（Marshall，1890）关于集聚成因外部性的探讨。他认为正是基于劳动力池、共享的基础设施和知识的溢出这三种外部性，导致了要素活动在某一个空间范围内集聚。

如何才能将要素的空间属性引入经济学分析，从而使理论分析更接近现实，更能解释要素的集聚现象？不同时期的经济学家，都在各自的时代做了卓越的尝试。例如，区位论的创立者通过引入距离考察空间，如杜能（Thunen）、韦伯（Weber）等；区域科学的创立者把空间就当成一个要素进行引入，如艾莎德（Isard）等。直到大卫·斯塔雷特（Starrett，1978）提出了空间不可能定理，即在拥有有限个区位和代理商的经济系统中，如果存在运输成本而且空间是均匀的，同时需求又不能仅在本地市场得到满足，那么经济系统就不存在包含运输成本的竞争性均衡。空间不可能定理简单且完美的论证，正式宣告了新古典的规模收益不变或递减以及完全竞争的一般均衡的框架内，无法将要素的空间属性引入经济学的分析中。然而，对空间因素的考察，直到迪克西特和斯蒂格利茨（Dixit and Stiglitz，1977）创造性地将规模经济的收益递增和垄断竞争纳入一般均衡分析框架中，才打破了要素禀赋差异的传统贸易理论，并使主流经济学找到了有效分析空间维度的合理工具。

结合前人的研究成果，克鲁格曼（Krugman，1979a；1980）发表的《收益递增、垄断竞争与国际贸易》和《规模经济、产品差异和贸易模式》两篇文章，巧妙地将 D－S 框架用于分析细分产品的国际贸易，开拓了新的研究要素流动的范式；在第二篇文章中，克鲁格曼改进了保罗·萨缪尔森（Paul A. Samuelson）的"冰山交易成本"，并将要素的空间属性引入模型的构建分析中。1991 年，他在《收益递增与经济地理》这一经典文献中，对核心-边缘模型（CP 模型）的推演，奠定了对经济活动进行空间分析的微观基础，打开了研究要素空间集聚机制的"黑箱"，宣告了研究要素内生集聚的新经济地理学（new economic geograhpy，NEG）的诞生。

二、问题的提出

通过考察劳动力的流动与产业的空间分布，为我们认识经济现象、分析经济问题，提供了一个科学的视角。现实生活中，流动的劳动力具有个性化的偏好和需求。有些人安土重迁，出生地对他们具有很强的吸引力，即使外在福利条件再好，他们也不会选择迁徙流动；同样，不同的地区拥有不同的自然、文化特性（如我国"南米北面"的饮食传统），不同的人就会产生不同的喜好与偏爱。这种偏好和需求，表现在个体的行为选择上就会具有明显的差异性。

但是，无论是主流的经济学还是引入空间因素的新经济地理学，都是采用具有代表性的经济主体进行逻辑演绎。在经济理论演化中，消费者追求效用最大，厂商追求利润最大，理性的政府追求社会福利最大等。现实生活中，经济主体的异质性行为贯穿经济活动的每一个过程，不同的消费者拥有不同的消费偏好、不同的厂商生产效率存在差异、不同的政府也必须要在社会公平与经济效率之间做好权衡等；即使是同一个经济主体，在不同空间、不同时间下，其选择也会存在不同。大量微观数据也显示了主体异质性属性的证据，如何将这种经济主体所具有的异质性属性引入模型并进行理论分析？给我们的经济研究带来了新的挑战与契机。

梅利兹（Melitz, 2003）考察了具有生产率差异的企业，在国际贸易出口行为中，开启了研究企业异质性的热潮，并取得丰富的研究成果。关于其他经济主体的异质性如消费者的异质性、劳动力的异质性相关的文献，也成果颇丰。但是，在 NEG 框架下考察劳动力异质性的文献，并没有充分挖掘劳动力的异质性。已有的研究成果也表明，当充分考虑到转移劳动力的异质性之后，很多已有的结果可能就受到挑战。例如，乔治等（Jorge et al., 2014）考察了具有不同能力的劳动者，由于个人真实能力与自我认知的不匹配，削弱了个人能力的空间排序效应的影响，导致了我们在真实的世界中并没有发现明显的关于能力的空间分层。

同样被传统的 NEG 模型忽略的是，劳动力转移过程中广泛存在的转移成本。为了研究的方便，传统的 NEG 理论模型在考察多样化的工业产品时，考虑到了产品跨区域间的"冰山交易成本"；但是在考察劳动力这一经济主体时，要么假设劳动力在区域间不流动，要么假设即使劳动力可以在区域间流动，但是不存在转移成本。这显然与现实中的事实不符，尤其在我国典型的"二元经济"结构框架下，劳动力的转移不仅受到户籍制度等制度安排的约束，不同地区之间分割性的市场结构，也限制了劳动力的自由流动。即使后来 NEG 的研究，包括"新"新经济地理学（Ottaviano, 2011）的后续研究，放松了劳动力转移成本的假设，但是并没有对转移中的劳动力异质性与劳动力转移成本，共同做细致的分析。

基于以上原因，我们将劳动力的转移成本与劳动力的异质性，共同引入经典的 CP 模型，对传统的模型进行更合乎现实的拓展，试图对经济发展过程做更科学的论述。

三、研究目的和研究意义

研究目的：现实社会中，最普遍的经济现象就是经济活动的集聚。主流经济学更多时候是通过货币外部性或者技术外部性进行阐述，在这个过程中，为了建模与研究的方便，往往忽略参与经济活动主体的空间属性。在漫长的研究岁月中，经济学家（包括经济地理学家）都试图将经济活动的空间属性纳入主流经济的分析中（李俊、安虎森，2017），直到克鲁格曼（Krugman）建立新经济地理学，才将空间因素完美地融合到了均衡分析中。但是，早期的新经济地理学模型，假设条件相当严格；在后续的分析研究中，许多研究者纷纷放松假设条件的限制，力求模型的模拟分析结果与解释更加地接近现实。然而在这个过程中，对于劳动力的假设放松，还存在进一步研究的空间与可能。

基于以上的理论基础分析，本书尝试在新经济地理学的框架内，考虑广泛存在劳动力转移成本的情况，通过扩展经典的 CP 模型，探究劳动力的转移成本和劳动力的异质性与产业空间分布的变化关系；深挖二者之间的微观机制，试图为更符合我国现实的经济集聚找到更切实际的理论支撑。

理论意义：新经济地理学模型，由于很好地解决了规模收益递增和垄断竞争的市场结构问题，同时还将空间因素科学的引入经济模型，并合理地解释经济要素的空间集聚，而被主流经济学所接纳。经过近 40 多年的发展，无论是理论模型还是实证分析，都取得了非常多的研究成果。将经济主体的异质性特征，引入新经济地理学并进行对传统模型的改造也具有十多年的时间了。考虑到不仅是产品，而且包括流动中的经济主体都存在客观的"转移成本"，即跨越空间需要支付"空间成本"，结合异质性的经济特性，拓展新经济地理学的分析范围，使得模型的理论分析与演绎的结果能够更加符合实际，得出的理论结论也更加具有施政的参考意义。

现实意义：经过 40 多年的改革开放，我国取得了非常瞩目的经济成绩，十几亿人解决了温饱问题，并于 2020 年全面脱贫，正朝着全面建设小康社会的道路前进。经济发展的 40 多年，也是劳动力转移、产业形成、城市发展、经济空间格局不断变化的 40 多年。尤其是 2000 年以后，大量的农村劳动力离开所在的户籍区域，进入城市从事非农业劳动生产；这一庞大的流动人口基数，塑造着我国的产业空间分布格局，这种过程仍然在持续。据统计，改革开放以前，我国有 2/3 的人口生活在农村，而到 2007 年只有大约 1/3 的人口常年生活在农村。这种人口分布的空间变化，对应着我国快速的经济发展，正好为新经济地理学的模型阐述，提供了天然的"验证场"。

党的十九大作出了我国已经处于新时代的哲学判断，当下我国的主要矛盾是"人民日益增长的美好生活需要和不平衡不充分的发展之间的矛盾"。主要矛盾的确定，将在很长一段时间内决定着我们经济发展方向与政策制定的研究对象。为了实现"两个一百年"的奋斗目标，在保障和改善民生领域，要求"破除妨碍劳动力、人才社会性流动的体制机制弊端"，加快务工劳动力的市民化过程，破除我国工业化过程中长期存在的"化地不化人"的"半城市化"现象（周文、赵方等，2017）。

人的城市化不仅要实现"户籍身份"的转变，更要解决进入城市之后的就业问题。在当下复杂的国内外环境下，通过异质性劳动力流动成本的视角，考察劳动力与产业空间分布变化的理论尝试，将为我国有效地解决"不平衡不充分"发展，促进有效城市化的推进，提供施政的理论支撑。

四、相关概念界定

（一）劳动力的转移成本

劳动力作为生产函数中重要的组成部分，研究其经济行为的文献卷帙浩繁。单纯考察我国特殊的户籍制度的约束，对于劳动力离开初始的空间位置，就有不同区分（杨村瑰，2003）：一个劳动力离开 A 地到 B 地，并且改变了户籍身份（不管是从事农业劳动还是工业劳动），叫劳动力的"迁移"；劳动力的"流动"或者"转移"，则是指游离在户籍所在地之外的劳动力，从乡村转移到城市并且从事非农业生产活动。

本书所指的劳动力转移，是指已经从事非农业生产的劳动力，不考虑户籍制度的约束（只是在后文的理论模型中，将户籍制度等影响内化为劳动力的"折旧因子"），由于各种原因改变了初始的就业位置，并发生了空间位置变化的那部分劳动力。需要说明的是，由于我国在经济发展的过程中，政府的行政力量对经济地理空间的塑造，其影响非常巨大。我们这里有个暗含的假设，我国已经初步完成了生产力的均衡布局；之后的改革开放，主要是在市场力量的作用下，生产力重新按照市场原则进行修正，各种生产要素重新布局，劳动力与产业更是发生了空间集聚的耦合。在这个过程中，劳动力的转移（或者流动），势必会产生转移成本。

劳动力的转移成本（也可以视为"劳动力摩擦"）可分为经济成本与非经济成本。经济成本，首先是跨越空间位置而需要支付距离成本；其次是，劳动力重新就业前的搜寻工作、学习培训等引起的成本；再次是，除了以上两种类型以外的其他经济成本，如可能存在安排子女教育等相较于原来更高的花费成本等。非经济成本，首先是指在跨越空间位置、搜寻工作、进行培训等所面临的机会成本；其次是，劳动力要适应新的环境，并忍受失去了熟悉的朋友、亲人等社会资本，同时面临可能无法就业（或者无法及时就业）等而产生的成本。此外，就是除了以上两种成本之外的非经济成本。

（二）劳动力异质性

在本书的研究中，区分两种类型的劳动力异质性：转移中的劳动力由于内在的学习能力、认知能力、创新能力、理性预期能力等内生性的属性不同——内生性劳动力异质性，存在着劳动力个体之间的差异性。例如，整体来说，伴随着信息化的发展，城市居民对于数字信息的获取能力普遍高于农村居民，在进行经济活动时能够形成较为合理的预期，这种城乡之间的数字鸿沟（刘骏、张杰飞等，2015；王军、朱杰等，2021）已经成为经济发展中所要面对的一个问题。同时，认知能力高的个体可以获取、吸收并利用更多的信息，则有利于创新的出现，而在经济活动中更能从中获益。除了内生性劳动力的个体差异之外，不同的文化因素、制度因素、不同的区域环境、服务设施等外在属性的差异，会让劳动力具有天生的"禀赋"特性，针对相同的经济决策，不同的个体之间也会有个性化的反应、取舍与判定——外生性劳动力异质性。例如，在我国最为典型的当属方言对经济增长与个人决策行为的不同影响（李秦、孟岭生，2014，徐现祥、刘毓芸等，2015；马双、赵文博，2019）。在这些内在和外在综合因素的影响下，体现在劳动力的差异化经济活动决策行为上，势必影响劳动力的转移（或流动）策略。

（三）经济集聚

经济活动并不是均匀分布在地理空间上的，诚如克鲁格曼（Krugman）所言"集中，是经济活动最明显的地理特征"。这种集中，也就是经济的集聚，典型的表现就是城市的存在。最先涉及经济活动地理分布研究的当属古典区位论，如杜能的农业区位论、韦伯的工业区位论等。为什么经济活动会在地理空间上集中？马歇尔最先给出尝试，他指出知识技术溢出、中间投入和最终生产之间的联系以及劳动力市场的相互影响这三种重要的外部性存在，是经济集聚的原因。之后很长一段时间，主流经济学家斯考特沃斯基（Scitovsky，1954）围绕着这三种外部性进行拓展，并将外部性进行了重新分类，包括"货币外部性"和"技术外部性"。当下，针对经济集聚现象，主要通过分享、匹配、学习机制去探讨其微观成因。本书研究所涉及的经济集聚，更多是以产业集聚的形式来说明。

第二节　研究思路与研究方法

一、研究思路

新中国成立以后，我们开始了自己的工业化建设之路，由工业化推动了早期的城市化建设。改革开放以来，我国的城市化进程飞速发展，截至 2023 年底，城市化率达到 66.16%。这期间，不但有经济活动的集聚发生，更伴随着几亿劳动力的跨越空间转移。如何去解释这种经济现象的耦合？新经济地理的理论分析框架，给出了一个较好的参考。

我国典型的二元体制结构，再加上户籍制度等对劳动力自由流动的约束，导致其势必存在各种因素造成的流动成本，这一流动成本因素，并没有在经典的新经济地理学模型中涉及。同时，劳动者本身会因为受教育水平、个人能力、工作经验等因素，与其他劳动者存在差异。于是，综合了劳动力转移成本和劳动力异质性的模型扩展，势必能让模型的理论分析更加接近现实，得出的结论也更将具有政策参考意义。基于以上考量，本书的基本思路主要如下。

第一，从文献发掘的视角，思考空间因素在引入经济学分析中的重要作用。经过分析，从宏观数据中探讨中国经济地理空间典型化的特征事实，描述经济集聚的空间脉络，进而分离出以劳动力流动与产业空间分布的视角，理解我国的经济发展历程。同时根据新的经济事实，挖掘新的经济特征。通过梳理与劳动力流动、产业空间分布及新经济地理学在解释经济集聚等相关的文献，从文献的梳理分析中，挖掘二者的影响因素、相互作用机理，为模型变量的抽象处理寻找科学的文献依据。

第二，引入合理的抽象变量，将劳动力流动的成本因素，纳入传统的新经济地理学模型。并通过与传统结论进行比较静态分析，发掘更切实际的经济结论。同时，考虑流动劳动力的异质性，拓展模型的分析范围。

第三，通过数值模拟的分析方法，显示变量之间的演化互动关系，并构建经济计量模型，验证模型的理论结论。

二、研究范式

（一）成本－效益分析

资源稀缺的情况下，任何一种选择都存在成本。在经济学的分析模式下，这种成本更多的是从机会成本的角度进行衡量。同样，最常用的效益分析当属用经济主体的效用来表达。本书研究的视角，是通过劳动力的流动来影响产业空间分布，研究二者之间的内在关系，尤其是当劳动力的流动存在跨越空间的成本，再加上劳动力天然具有的异型性特征。这些内在和外在属性，必将通过劳动力的流动选择影响经济活动。而在这一过程中，贯穿其中的各个经济主体（转移中的劳动力、雇佣劳动力的厂商等）在任何一种理性的经济行为背后都有着"成本－效益"的衡量。这也是我们隐藏的假设：只有在经济行为存在效益的情况下，经济行为主体才会采取经济行动，其外在的表现就是存在理性的劳动力流动与产业的空间分布。

（二）新经济地理学分析

经济学研究者很早就注意到了经济活动的集聚现象，典型的就是农业区位论、工业区位论以及早期的城市经济学。传统的经济地理学，也对经济活动的集聚现象做过分析研究。然而，有一个始终没有解决的问题：就是无法协调在均衡分析的框架下，将垄断竞争和规模收益递增完美结合。直到克鲁格曼的研究才解决了这一困扰经济地理学者的市场结构问题。

马丁和桑利（Martin and Sunley，1996）认为，新经济地理学主要围绕经济活动的空间集聚和经济集聚的动力这两个核心问题展开研究。采用数学建模的方法，通过将垄断竞争和规模收益递增的市场结构、循环累积的空间自组织逻辑完美结合，再通过计算机的数值模拟对研究结论进行再现，以此来解释经济活动的空间集聚以及探究引起经济集聚的微观动力。

三、研究方法

归纳分析法：社会科学研究至今，已经很难发现有前人未涉及的全新领域。任何学科的研究，都要借鉴前人已有的研究成果。通过归纳、对比、分析，综合各学科的视角，对一个问题进行本学科深入地研究与验证，也常常能在跨学科的视野下，发现新的结论，推进对某一问题的认知。通过归纳分析法，可以很好地厘清研究的思路，拓宽分析视野，为后续的理论建模与实证验证做好基础。

数值模拟：本书是基于经济地理学的分析视角，通过构建模型研究劳动力转移成本、异质性劳动力的流动与产业的空间分布问题，核心关系的获得往往包含很多的变量和参数。正是由于模型的复杂性，往往核心关系并没有显性解得以表达。为了进一步考察我们所要研究的主题，研究变量与变量之间的关键函数关系，必须要借助于 Matlab 等软件进行数值模拟，以探究隐藏在变量之下的经济关系。

───── **第三节　内容安排与框架** ─────

一、内容安排

全书共由五个相关的部分组成，综合新中国成立以来尤其是改革开放以来我国经济发展历程，从劳动力流动与产业空间分布的视角，试图理解我国快速的经济发展过程。由于劳动力是较为活跃的经济要素，对劳动力的约束以及放松，最能由单个微观的主体行为观察到宏观的经济变化。40 多年快速的发展历程，劳动力的流动经历了从被限制流动到允许有条件流动，再到吸引劳动力聚集的过程，在充分发挥劳动力比较成本优势的同时，我国东部沿海地区与广大中、西、东北地区的经济发展差距越来越大，经济地理空间"核心-边缘"的格局也越来越明显。新经济地理学恰恰是在引入空间因素、规模收益递增以及垄断竞争的市场框架下，研究这种现象背后的微观机制。其经典的模型在解释这种经济格局的尝试中，得出了非常可信的结论，给我们理解中国经济提供了很好的参考。基于此，本书作了如下逻辑内容安排。

第一部分包括第一章与第二章的内容。在第一章导论部分，明确提出了本书所要研究的问题，并探究了核心问题的哲学基础、现实背景以及理论依据。同时，对核心的变量进行了科学界定。第二章为文献综述，在这里我们回顾了与劳动力相关的文献，重点探讨了已有文献对劳动力流动的成因分析以及我国已有的研究中国劳动力的流动模式；对产业转移的相关文献，重点围绕几个比较有代表性的理论学说进行展开；对新经济地理学相关的文献，简述了该学科的同质型模型构建，同时探讨了与异质性相关文献回顾，并在此基础上预测了未来可能的发展方向。文献回顾是为了梳理已有的关于劳动力流动与产业转移（空间分布）的分析视角、研究方法，并试图在此基础上综合分析、发掘并提炼本书的切入点，为进一步的分析找到理论依据。

第二部分主要是第三章的内容。第三章在文献综合分析的基础上，探究空间的属性以及经济学的空间引入。不包含空间的经济学摆脱不了"庭院资本主义"的研究窠臼，也不能完美解释经济活动的聚集现象。为此，本部分分两个方面探讨空间：一是挖掘空间（主要指经济主体的空间）的属性；二是归纳经济学研究中纳入空间因素的分析历程。这么做的目的，除了解决在进行经济学的分析中对空间的"刻板"应对，更主要的是为本书的模型构建发掘合理的引入变量。

第三部分主要是第四章的内容。第四章在我国宏观数据的分析基础上，试图描述劳动力的流动与经济活动聚集（产业视角）的耦合现象。农业劳动力生产率的提高释放了大量农村劳动力，再加上我国区域间、城乡间存在的明显区域差异，以及区域禀赋等"第一性"要素的影响，还有政策发展倾向、户籍制度等"第二性"要素的综合作用，这些因素共同导致了我国存在大量非农劳动力的跨区域转移。经济的快速发展、劳动力的需求旺盛，是导致大量劳动力跨区域转移的内在动力。制度约束的放松、交通运输设施等条件的改善，为劳动力的流动提供了制度与技术的支撑，加速了劳动力的流动与经济活动的聚集。进入新时期，我国的经济发展产生了新的特征，首先就表现在农业剩余劳动力的供给越来越少，随着劳动力工资的提高，我国可能逐渐失去或者已经失去了"人口红利"的机遇期；其次，是劳动力的回流以及产业的"东迁西进"；最后，是财政性教育经费支出的逐年上升，普遍提高了我国就业劳动力的素质，劳动力个体之间的异质性已经变得越来越明显，逐渐成为影响经济发展重要因素。

第四部分主要包括第五章和第六章，主要为全书的理论模型与经验分析部分。通过引入劳动力转移成本折旧因子以及劳动力的异质性，在经典的 CP 模型的基础上进行拓展，试图考察在新的经济环境下，存在转移成本的劳动力以及技能差异的劳动力群体，对产业的空间分布如何产生影响，并通过经济计量模型，验证我们的理论结论。

第五部分为政策建议和结论展望。本部分在综合前文分析的基础上，针对特征化事实以及模型结论，为政策的制定提供参考建议，并针对全书的分析不足指明接下来的研究方向。

二、研究框架

全书的分析框架如图 1.1 所示。

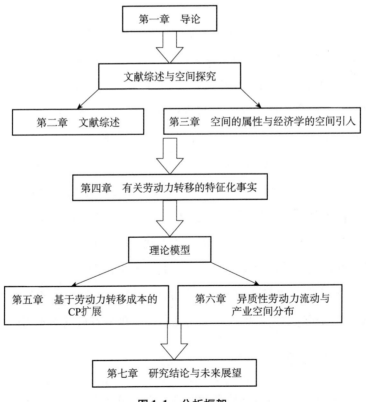

图 1.1　分析框架

——— 第四节　研究难点、重点与可能的创新点 ———

运用任何西方经济学理论解释我国的经济现象时，不能生搬硬套，都需要认真审核其理论的假设、理论的推导以及理论的结论。只有在符合本国具体国情并作适当调整的情况下，才能对问题的产生进行剖析，得出的结论也才更符合实际。新经济地理学作为一门新兴的学科，在解释经济活动集聚现象的微观机制方面，已经取得了卓有成效的理论结论与政策建议。其围绕微观基础而发现的"本地市场规模效应""价格指数效应""市场拥挤效应"以及三者之间的相互作用，回答了主流经济学长期不能解决的垄断竞争和规模收益递增的市场结构问题，并将空间分析成功纳入主流经济学的分析工具箱里。最经典的模型当属 CP 模型，工业劳动力的流动改变了最初的产业空间分布。然而，在 CP 模型中可流动的工业劳动力同质且毫无转移成本的简化假设，并不符合我国经济发展过程中的实际。众所周知，在很长一段时间内，我国的劳动力是不允许自由流动的，即使是当下劳动力的流动也不是完全自由的，还存在类似于户籍制度等制度安排的约束，劳动力的流动还存在转移成本。同样的一个事实是，随着经济的发展以及国家和个体在教育方面等的投资，劳动力之间越来越表现出由于工作经历、受教育程度、技能水平、个人的主观体验等方面的差异，劳动力的同质性假设似乎需要做调整。基于此，本书试图在劳动力的转移成本（外在属性）和劳动力的异质性属性（内在属性）两个方面做出尝试，试图讨论这两个因素在经济活动集聚现象背后的微观影响。

一、研究重点

本书主要是在新经济地理学的视角下，分析劳动力的转移成本与异质性对产业空间分布的影响。研究的重点主要围绕以下几个方面展开：一是考察空间因素如何被引入经济学，并通过经济学模型考察"空间"对经济活动的塑造与潜在影响，这为本书引入劳动力的"转移成本"做理论借鉴；二是通过宏观数据的分析，展现我国存在劳动力的大量流动与经济活动集聚的耦合；三是研究存在转移成本的工业劳动力与产业空间分布之间的关系，并与经典的 CP 模型进行比较静态分析；四是放松同质性工业劳动力的假设，研究具有异质性且存在"转移成本"的工业劳动力与产业空间分布之间的关系。在此基础上，为我国更合理地推进中国式现代化提供理论与政策建议。

二、研究难点

由于模型构建需要合理的简化变量，而且简化的变量又不能失去其经济含义，这样通过模型分析经济现象就能发掘现象背后的微观成因。本书的研究难点：一是如何将工业劳动力的转移成本进行抽象，并将其合理引入经典的 CP 模型中。具体来说，就是在效用函数中、收入函数中进行引入，还是在生产函数、劳动力的空间分布方程中，进行符合逻辑与事实的引入？二是针对异质性的劳动力的区分与模型引入，虽然借鉴大多数研究者通过技能水平这一简单而且易操作的区分方法，但是对于有效劳动的把握，如何体现高技能和低技能之间有效劳动的差异？如何说明高低技能水平劳动力的工资不同？如何结合具有不同转移成本折旧因子的高低技能劳动力进行模型构建？如何体现具有双重属性的工业劳动力与产业空间分布之间的关系？由于我们采用数值模拟的方法，对模型的理论分析进行再现，对不同变量的赋值并对模拟的结果适当地进行优化，此为第三难点。这都是我们在本书中，试图要回答的比较重要的难点问题。

三、可能的创新点

一是，将劳动力的转移成本通过"折旧因子"引入生产函数中，并在劳动力的转移方程中进行再一次表达，考察存在转移成本的 CP 模型，其产业空间分布状态，转移成本可能具有"离心力"的属性。

二是，将劳动力的转移成本和劳动力的异质性，通过有效劳动的形式整体引入模型构建中，试图回答存在折旧、存在异质性的劳动力流动与产业空间分布状态之间的关系，以丰富新经济地理学的分析范畴。

第二章　文献综述

———— 第一节　劳动力相关文献 ————

一、劳动力的流动

研究劳动力流动的文献，可谓汗牛充栋。纵观劳动力的流动，其流动原因无非是经济因素或者是非经济因素，如流动的距离、家庭成本风险最小化、可能享受较好的基础设施条件、已有的流动经验、个体劳动力的性别、受教育程度等个人特征，整个区域劳动力流动的存量等。背后的唯一原因，则是发生流动的劳动力综合考察其流动前后的成本与效益，在此基础上而作出的最优决策选择。我们在这里并不能面面俱到，仅就具有代表性的相关文献统一进行流动成因的综述。

比较有代表性的当属刘-费-拉模型理论、托达罗流动模型理论、推拉理论以及人力资本投资理论。其中，前两个理论核心是围绕着区域（或者部门）工资的差异以及区域（或者部门）本身的特点进行阐述，诚如希克斯（Hicks，1932）的描述"净经济优势的差异，主要是工资收入的不同，导致了劳动力的流动"；后两个理论则更多的是从个体理性人对流动前后综合的"成本-效益"，进行分析阐述。

刘易斯（Lewis，1954）发表在《曼彻斯特学报》上的《劳动力无限供给条件下的经济发展》一文，指出了实现工业化的内在逻辑：一个国家在走向发展的过程中，经济部门中边际生产率较低的农业部门，由于具有无限的劳动力剩余，在并不提高劳动力报酬的情况下，剩余的劳动力将会源源不断地流向经济部门中边际生产率较高的工业部门，而且工业部门中并不存在失业问题，直到两部门的边际生产率相等为止；在这个过程中，农村的剩余劳动力不仅可以实现了数量上的转移，而且在经济活动中也实现了身份上的转变；城市由于获得了充足的劳动力，扩大了经济的发展规模，整个经济最终实现了工业化。这种由于边际生产率的差异，导致城乡劳动力工资收入的差距，进而导致劳动力转移的"二元经济结构"发展模式，在一定程度上建立了研究劳动力这一生产要素大范围流动的经济学分析范式。

拉尼斯和费景汉（Ranis and Fei, 1961）在刘易斯的分析框架之上，更加强调了农业发展阶段过程在经济发展变迁中的重要性，将整个由劳动力流动过程体现的结构变迁，划分为具有两个转折区间的"二元经济结构"模型。在第一个转折阶段，农业劳动力由于边际生产率很低或者为零，整个经济发展可以在工业部门工资维持不变的情况下，无限地供给农业剩余劳动力，直至刘易斯第一转折点到来之前，工业部门将吸收尽大多数的转移劳动力。在第二个转折阶段，随着整体经济的劳动生产率提高，农业劳动力将有限供给工业生产需要。在这个阶段农业劳动力的工资随着现代工业部门的扩展需要而增长，直到两部门的劳动力工资趋于相等，农业劳动力的流动将趋于停止，经济发展便达到刘易斯第二转折点，实现了经济一体化。

刘－费－拉劳动力流动模型的理论基础是，由于劳动生产率不同的部门差异，进而产生了实际劳动工资收入差距，理性化的劳动者会在权衡工资收入差距的基础上进行空间的跨越，进而发生劳动力的流动，从而改变了劳动者的经济收益，同时实现整体经济的增长。

然而，这一"二元经济结构"模型暗含的假设是农村剩余劳动力的边际生产率为零。但这一假设并不正确，舒尔茨（Schultz，1964）在《改造传统农业》一书中，对此进行了批评论证。同时，模型另一重要假设即不考虑劳动力转移的任何障碍，也就是说，劳动力这一生产要素可以充分地自由流动，这与我们所观察到的现实情况并不相符。除此之外，模型并没有考察流入城市（或工业部门）的劳动力的就业概率问题，而暗含的假设是发生流动的劳动力在流入地会实现充分就业，经济系统不存在失业。

托达罗（Todaro，1969；1976）更加关注流动劳动力的就业概率问题，并对此进行了深入研究。在肯定发展中国家"二元经济结构"的基础上，他首先剖析了"二元经济结构"必然导致城乡收入差距的扩大，这种收入差距的存在是农村劳动力流向城市的内在动力。同时，由于城市在发展的过程中必然存在大量的失业问题，而农村劳动力流向城市可以获得较高的预期收入，所以在承受一定时期的失业风险的情况下，会作出移民（或流动）决策。在托达罗的研究中，涉及了城市失业、预期收入的贴现、转移劳动力就业的风险（用城市就业概率表示）、劳动力转移的成本等分析，丰富了研究劳动力转移的"二元经济结构"模式，建立了更加简便的模型，"超越"了传统劳动力转移的理论描述，使得研究劳动力转移的经济分析更具操作性。其他的研究者，如谢斯塔德（Sjaastad，1962）、托达罗和马鲁什科（Todaro and Maruszko，1987）也在这方面进行了研究工作，一个相关的包含就业概率与期望收入的简化模型可以表示如下：

$$ER(0) = \int_0^n [\, P_1(t) Y_d(t) - P_2(t) Y_0(t) \,] e^{-rt} dt - C(0)$$

其中，$ER(0)$ 是在 0 时刻的期望收入，$P_1(t)$ 是在流入地成功找到工作的概率，$P_2(t)$ 是在流出地成功找到工作的概率，$Y_d(t)$ 是在流入地的工作收入，$Y_0(t)$ 是流出地的工作收入，r 是折现系数，$C(0)$ 是总的跨越空间的流动成本（不仅包括物质成本，也包含非物质成本）。只有 $ER(0)$ 为正时，劳动力才发生流动。

但是此模型本身存在着缺陷，譬如相较于无限劳动力转移的刘 - 费 - 拉模型，劳动力的转移不存在农村的机会成本损失（这里暗含假设机会成本为零），托达罗的模型只考察到了转移过程中的流动成本问题，考虑到在城市中存在失业的风险，模型并没有交代转移的机会成本等问题。

流入地可能具有较高的工资、较好的基础设施居住条件、较好的个人发展空间等，流出地可能存在自然生存条件恶劣、工资待遇水平较低、耕地资源紧张等情况。通过综合对比流入地与流出地对流动的劳动力的影响，李（Lee，1966）首次系统地将影响劳动力迁移的因素划分为"拉力"和"推力"，并认为在流入地与流出地均各自存在着两种推力和拉力，除此之外还有影响劳动力在流出地与流入地之间迁移的中间障碍，譬如真实物理距离的远近、语言文化的差异、不同的个体对这些因素的不同反应等。当流入地的综合拉力与流出地的综合推力，其二者合力为正时，导致了劳动力从综合生活水平较低的地区流向综合生活水平较高的地区。这种通过考察整体流动前后的"成本-效益"分析视角的"推拉理论"，扩展了刘 - 费 - 拉"二元经济"系统结构关于劳动力流动的分析范围，更加注重劳动力流动前后整体的经济效益对比，其思想雏形可以追溯到拉文斯坦（Ravenstein，1885）发表的关于迁移的论文。[①]

以舒尔茨（Schultz，1961）和贝克尔（Becker，1962）为代表的人力资本投资理论认为，人口的流动是人力资本投资的一种方式。谢斯塔德（Sjaastad，1962）、博尔哈斯（Borjas，1990）、汉森（Hanson，2002）等以人力资本投资视角进一步丰富了人力资本的迁移理

---

① Ravenstein G. The Law of Migration [J]. Journal of the Statistical Society of London，1885，48（2）：167 - 235.

论。该理论大致可以作如下概括：在技术水平给定的情况下，人们会选择最能发挥其技术水平的高生产率的地区（或者工作），高生产率的地区（或者工作）往往意味着高的工资水平。但是，在获得较高的工资之前，他们需要一定的投资。这种投资包括为获取较高的技术水平而进行的培训、跨越空间距离的交通成本、寻找工作的成本花费、隔断原来的人际关系并形成新的人际关系的花费，以及潜在各种机会成本等。潜在的劳动力流动者会综合考察这种投资的收益与成本，只有在净收益为正的情况下，才会作出离开初始地的行为决策。

二、国内劳动力转移研究

在说明这个问题之前，我们首先应该看到的是，新中国成立以来我国的区域发展战略经历了生产力均衡布局、非均衡发展战略、协调发展战略和平衡发展战略四个阶段。长期的非均衡发展战略，带来了我国经济增长的长足进步，同时也造成区域间发展差距、城乡间发展差距等，这是导致我国劳动力空间流动的深层次导因。历史上，虽然存在劳动力短期民工荒的问题，但却不是我国劳动力流动的整体趋势。当下，我国人口仍然倾向于向东部沿海地区以及经济发展较为活跃的各区域城市群流动。蔡昉（1995）指出，我国人口流动的主要动力根源于新中国成立后重工业优先发展的战略，以及改革开放以后形成的区域间及城乡间巨大的收入差距。而且指出，这种劳动力的流动是一种理性的经济行为，政府更应该做好管理与提供后勤服务，有效发挥劳动力的流动在经济建设过程中的重要作用。纪韶、朱志胜（2014）研究了我国劳动力的整体流动情况，并指出东部城市群仍然是当下劳动力的主要流入区，珠三角地区依然是强势的人口流入中心。

我国的更大范围内劳动力流动是指农村非农劳动力的跨区域转移。其流动模式上，广义上可以分为"候鸟式"流动就业模式和跨区域的"永久性"迁移。前者是指，在我国特殊的制度安排下，广大农村非农劳动力"离土不离乡"、季节性地往返于乡村和城市之间，不停地变换就业性质，典型的体现在农闲时外出就业，农忙时回家务农的一种劳动力迁徙现象。尤其是改革开放以后，我国存在大量的拥有农村户籍的非农剩余劳动力，长期外出在城市地区从事非农业生产活动。但是这一部分人群，大部分并没有在城市定居下来，仍然会定期地返回户籍所在地。尤其是第一代农民工，大部分已经到了中年时期，在城市的就业市场上更加缺乏就业优势，到了一定年龄后就会返回户籍所在地，广义的具有"候鸟式"的性质。"候鸟式"的流动就业模式在我国经济发展中，促进了广大农村地区的经济发展。但是由于我国特殊的制度安排，再加上各种定居成本的存在，造成了我国当下严重存在的"化地不化人"的"半城市化"（贾若详、刘毅，2002；刘琦，2023）现象，广大流动中的劳动力无法实现"永久性"迁移，农村劳动力的市民化过程严重滞后。杨云彦等（2004）指出，我国农村非农劳动力在外出迁移的过程中，通过城镇劳动力市场实现就业并完成"永久性"迁移的人数微乎其微。究其原因，目前可以得到统一的认识是：在特殊的制度安排下，城市与农村之间劳动力市场的分割是造成无法实现"永久性"迁移的主要原因（姚先国、来君等，2009）。学者在城乡劳动力市场分割方面的研究主要围绕着制度层面、劳动力自身素质和劳动者社会关系网络三个方面展开讨论，如杨德才（2007）、谢嗣胜和姚先国（2006）、万海远和李实（2013）、陈贵富和韩静等（2023）等。

近年来，随着我国经济社会的快速发展，"80后"新生代农民工逐渐成为流动劳动力的主体，他们自身的教育程度普遍较第一代农民工高，对农村与土地的"情结"也比较淡化，同时他们要求留在城市的意愿也比他们的父辈更为强烈。在"候鸟式"迁移就业的大背景之下，举家"永久性"迁移的数量越来越多。我国农村非农劳动力实现到城市定居可以通过参军、教育、购房入户、土地征用和户口改革等方式实现（邓曲恒、古斯塔夫森，2007；张可云、王洋志，2021）。姚先国、来君等（2009）在可行性能力视角下，通过构建"农民工永久性迁移指数"考察了农民工举家迁移的理论决策问题，并指出劳动用工环境的改善与劳动者人力资本的累积，有助于流动中的劳动力摆脱"候鸟式"就业模式，实现在城市的永久定居。艾小青、程笑等（2021）剖析了身份认同视角下社会歧视对农民工定居意愿具有显著的抑制效应，并指出有效的社区活动、公共服务均等化等措施有助于降低社会歧视对农民工永久定居的意识影响。

劳动力的流动并不是一个静态不变一次性就完成的经济过程，而是劳动者个体依据自身的最优化迁移模式，在整体上呈现动态变化的特征。安虎森、刘军辉（2014）通过扩展的新经济地理学模型，将土地产权制度和户籍制度纳入分析的约束条件发现，技术进步在农业剩余劳动力流动中扮演着重要的角色：当技术进步达到能够有效释放农业剩余劳动力的程度时，农业的剩余劳动力将倾向于发达地区流动；当欠发达地区的技术进步率也达到可以承接发达地区的产业转移的程度时，原本在发达地区工作的农业剩余劳动力，也会反向地流动到欠发达地区；整个劳动力的流动过程，呈现"钟摆式"的变化特征。赵伟、李芬（2007）则从劳动力的异质性出发，将流动中的劳动力分为高技能劳动力和低技能劳动力，并在新经济地理学模型中考察了高技能劳动力的知识溢出，通过理论分析与实证研究，发现不同技能水平劳动力的流动是影响区域收入差距的重要因素。具体来说，随着经济一体化程度的不断提高，相较于低技能劳动力的聚集，高技能劳动力的集聚会产生更大的聚集效应；高技能劳动力的流动更倾向于扩大区域间的收入差距，而低技能劳动力的流动作用却相反。汪润泉、赵广川等（2021）发现，农民工因无法在同一城市获得工资的持续增长，而保持城市间的流动，通过"社会保险权益贴现"实现其工资溢价；

这可能是对农民工频繁流动的一个有效解释。

第二节 产业转移相关文献

在经济发展的过程中，某些产业由于生产技术、需求、外在条件等因素发生变化后，为了追求最优的经济效益，就会从一个地区或国家转移到另一个地区或国家。按照其转移的空间范围，可分为国际间产业转移和一国内区域间的产业转移。产业转移是产业在地区间或国际间产业分工的重要基础，同时也是产业在承接地（国家）和转移地（国家）之间进行产业结构调整和产业升级的重要实现形式（张黎黎、马文斌，2010）。国内外学者都在该领域作出了非常有成效的理论分析与实证研究，这里仅就一些具有代表性的产业转移相关文献进行说明，围绕理论背后的逻辑导因进行简单分类，试图对产业转移领域的研究有个初步的掌握。

最早对产业转移进行研究并形成较为完善的理论当属赤松要的雁行模式理论。赤松要（1935）在考察日本棉纺织产业的发展历程时，发现该产业经历了进口、国内生产（进口替代）和出口三个阶段，并将其研究成果发表在《我国羊毛工业的贸易趋势》一文中。如果将这三个阶段的发展历程表示在以产业市场规模为纵轴、时间为横轴的平面直角坐标系中，就如三只飞翔的大雁，故而得名。赤松要认为，在产业发展的初始阶段，由于国内的市场结构不完善，产品的需求较低，主要依靠进口满足产品需求；第二阶段，随着产品的大量进口扩大了国内市场需求，触发了国内企业争相模仿并进口先进的生产技术，并结合国内资源丰富等生产比较优势，提高了对进口商品的国内生产替代；第三阶段，随着国内进口商品生产规模的越来越大，产品生产的技术也逐渐实现了标准化，相较于国际市场，国内产品具有了较强的竞争能力，国内产品的生产不再局限于满足国内需求，而是逐渐以出口为主。雁行模式理论，在解释明治维新以来日本的产业发展具有较强的理论分析能力，并有效指导了二战后日本经济快速恢复与发展。之后，日本学者小岛清①及其学生山泽逸平②分别丰富和发展了雁行模式理论。小岛清注重一国产业中边际产业的扩张过程，认为一国在进行国际投资时应选择该国即将处于或者已经处于的比较劣势产业，将其转移到该产业仍然具有优势的其他东道国家，以完成该产业的最优化，也就是他所提出的"边际产业扩张理论"。山泽逸平对雁行模式理论进行了阶段细分，认为产业的发展需要经历引进阶段、出口成长阶段和"逆进口阶段"，具体体现在引进、国内生产、出口、成熟、再进口这五个过程。雁行模式理论超出一国领域在国际贸易研究上为广大学者所熟知的，当属以日本为首，亚洲"四小龙"、东盟四国、中国紧随其后的类似"雁行形态"的东亚产业发展模式（张乃丽，2007；方茜等，2017；陈志恒、高婷婷，2023）。针对这一产业发展与转移模式，并不是都能得到肯定的评价，克鲁格曼（Krugman，1994）就曾经毫不掩饰地批评其忽略了全要素生产率在产业发展与转移中的重要作用。

产品生命周期理论。弗农（Vernon，1966）认为，产品也具有市场寿命，即形成、发展、成熟和衰退，就像人的生命一样具有周期。在不同的"生命"周期阶段，对应着不同的产品市场比较条件，也体现在不同的国家参与市场分工的过程中。在产品的形成阶段，需要大量的研发资金与科技人才的投入，只有少数发达国家才能够具备这些资源；在产品的发展阶段，由于初始创新的国家具有绝对的生产优势，该时期产品的生产属于技术密集型产业；进入产品的成熟阶段，

---

① 小岛清. 对外贸易论［M］. 周宝廉，译. 天津：南开大学出版社，1987：444.
② 山泽逸平. 亚洲太平洋经济论：21 世纪 APEC 行动计划建议［M］. 范建亭，等译. 上海：上海人民出版社，2011：74.

获取最大限度的经济效益成为产业追求的主要目标，尤其是产品可以进行标准化生产之后，适时地进行对外直接投资并将该产业的生产转移到仍然具有比较优势的地区或国家，直到产品最终退出市场领域。在产品的整个生命周期，产业将适时地根据比较优势进行跨区域或跨国的转移。

梯度转移理论，是产品生命周期理论在区域经济学的应用与发展，赫希哲和威尔斯等对该理论进行了丰富和发展。区域产业结构状况在区域的发展中起到至关重要的作用，而区域产业结构又由该区域主导产业的发展状况决定。和产品生命周期一样，区域主导产业在产品生命周期中所处的阶段决定了该区域处于高梯度区或是低梯度区。当主导产业部门处于创新发展阶段时，该区域具有非常强的发展潜力，处于高梯度区域，往往也是产业创新程度较高的地区。随着经济的发展、产品生命周期的更迭，高梯度地区会逐渐过渡到具有新的比较优势的地区。在这个过程中，产业会跟随其实现空间演进。国内学者也对梯度理论进行了分析，并就该理论在我国的应用实施作了探究。如夏禹农等（1982）、周起亚等（1989）等。

国内研究产业转移的文献可谓汗牛充栋，根据我国的国情并结合国外关于产业转移的理论研究与实证分析，主要在产业转移的动因、影响因素、转移方式、转移的困境以及转移的策略等方面展开。我们仅就近期的研究热点，进行相关的文献梳理。

产业转移的相关影响因素方面。魏玮、毕超（2011）考察了区际产业转移中针对环境规制在产业转移中可能存在的影响，重点考察了重度污染企业在新建企业中污染避难所效应的存在，证实了该效应在我国区际产业转移中的确存在，并发现环境规制在我国不同区域存在的影响力不同，其中西部地区的影响力普遍小于中部地区。孙启明、白丽健等（2012）在考察区域经济波动的微观基础过程中发现，企业的迁移行为与产业的空间转移存在相关关系，尤其是良性企业的迁移能够有利于承接地在空间范围内吸引更多的企业迁入该地，形成有效的产业集聚效应。颜银根（2017）通过构建包含新经济地理学和发展经济学的空间经济模型，研究对转移劳动力的培训在产业转移中的作用，结果表明，对农村剩余劳动力的培训并不能促进产业的有效转移。黄徐亮、徐海东等（2023）以长三角地区的产业转移为研究对象，发现城市间的邻近距离、区域房价差异、经济发展水平差异等显著影响了该地区产业之间的转移，并且，在不同行业间影响因素存在显著差异。

将产业转移相关理论应用到我国的实证分析，考察当下"产业西进"的问题研究。刘新争（2012）指出，产业转移的直接动力来源于区域间比较优势的动态转换，当前我国不同区域间劳动力成本的比较优势已经发生变化，应顺应新趋势下劳动力的流动，做好我国区域间产业的承接和转移。李娅、伏润民（2010）从空间经济学理论的视角出发，构建了区域间资源禀赋优势系数，回答了考察期内"为什么东部产业不向西部转移"这个问题并认为要想实现考察期内西部承接东部产业转移，则必须依靠更多的外部力量促使这一进程的发生，因此需要国家制定相关政策降低产业转移过程中存在的较高成本。李占国、孙久文（2011）回答了我国产业转移的迟滞问题，并认为制度因素、企业的迁移成本和聚集外部经济的存在是导致产业"锁定"，迟迟不进行迁移的主要原因。张公嵬（2010）通过比较不同年份的产业集聚指标指数，研究了我国不同类型的产业集聚演化路径，发现我国的劳动密集型产业大约从2000年开始已经由东部沿海地区向外区域转移，资本密集型行业直到2007年才有初步向其他区域转移的倾向，而且指出由于中西部地区具有的劳动力成本比较优势，故我国的劳动密集型产业发展有可持续性。杨亚平、周泳宏（2013）通过要素成本的视角，实证了我国"产业西进"过程中成本约束在产业转移过程中的作用。计量分析的结果表明，中部地区相较于西部地区更加具有低成本的优势，在承接产业转移的过程中更能有效促进城市的结构升级。郝凤霞、江文槿等（2021）考察了劳动力数量和质量对地区制造业转型升级和转移升级的影响，发现劳动力技能水平的提高存在导致制造业扩散性转移的可能。许士道、江静等（2022）发现，国家级高新区的设立，显著提升了中西部地区的产业协同集聚水平。

通过案例分析，探究产业转移的微观机制以及转移方式的研究。周阳敏、高友才（2011）在调查访谈的基础上，考察了回归式产业转移在我国经济发展中的特殊存在，并以河南省固始县为例说明了企业家在这种类型的产业转移中至关重要的影响。郑鑫、陈耀（2012）将产业转移划分为集中式转移和分散式转移两个阶段，并基于区位论考察了需求和运输成本在产业转移各阶段的不同作用，指出集中式产业转移更能有效促进区域之间的协调发展。沈永建、于双丽等（2017）选取富士康的内迁作为案例，分析企业的劳动力成本与产业转移的微观机制，讨论了在我国当下劳动力成本快速上升的背景下，如何通过有效的产业转移促进企业价值的提升。

第三节　新经济地理学理论研究

建立在理性人假设基础之上的经济学分析，其背后暗含的另一个重要假设是现实的经济活动空间分布是均匀的，这样才可以将复杂的经济现象进行模型抽象，以研究经济运行中较为宏观且普遍的经济定律。随着经济社会的发展，简略的抽象已经不能对真实的经济现象做较为令人信服的理论解释，更不能给出具有可操作性的政策建议。世界是不均匀的①，经济活动往往集聚在某一个空间范围内，并呈典型

---

① 世界银行. 2009 年世界发展报告：重塑世界经济地理［M］. 北京：清华大学出版社，2009.

的"核心-外围"结构。从全球的范围来看，存在较为发达的"俱乐部"经济体，如美国、G7、欧盟等，也存在经济发展较为落后的非洲地区，如刚果金、尼日尔等。从一个国家的内部来看，经济发展较为进步的地区和较为落后的地区也是共存的，例如我国广大的东部沿海地区已经进入了后工业化时代，而相当一部分的中西部地区仍处于工业化初期和工业化中期阶段。可见，经济活动在空间分布上是不均匀的。这种不均匀的特性，最典型的表现就是经济活动的空间集聚，例如城市这一空间利益共同体的存在。解释这种集聚现象背后的理论机制，集聚是如何发生的？又该如何演变？是新经济地理学的主要研究任务。

将垄断竞争和规模收益递增的市场结构与空间因素的完美融合，并得到了较为科学性的经济集聚的解读，是新经济地理学被主流经济学所接受的主要原因。古典、新古典经济学都是在完全竞争和规模收益递减（或不变）的框架下，研究经济要素的合理配置。但是，垄断现象在现实中可谓"见惯不怪"。同样如果是规模收益递减或者不变，厂商就没有扩大生产规模的内生激励，这一完美的市场结构和我们所观察到的现实世界，存在较大出入。最早对垄断竞争进行研究的当属罗宾逊夫人（Robinson，1933）的《不完全竞争经济学》和张伯伦（Chamberlin，1933）的《垄断竞争论》，开拓了研究垄断竞争市场结构的先河。吉尔和戈·曹春（Gill and Chor-ching Goh，2010）认为，垄断竞争往往又伴随着生产的规模收益递增，根据其产生的原因，规模收益递增大致可以分为三类：一是企业由于产量增加而表现出的单位成本不断减少，即内部规模经济；二是由于共用基础设施和投入而获得的本地化效应，即马歇尔（Marshall，1890）外部效应；三是由于技术、知识的溢出而具有的城市化效应，即雅各布斯（Jacobs，1969）外部效应。后两个外部效应，统称为外部规模经济。在经济学的研究过程中，垄断竞争和规模收益递增的模型化问题一直困扰着经济学研究者，直到兰卡斯特（Lancaster，1975）、斯宾塞（Spence，1976）、迪克希特和斯蒂格利茨（Dixit and Stiglitz，1977）等的研究，才将垄断竞争和规模收益递增的市场结构通过模型化变得易为处理。

历史上，最早考察经济活动和空间关系的理论尝试，当属德国的古典区位论，但其并非本书讨论的新经济地理学理论的直接理论源泉。新经济地理学的理论建立，直接得益于新贸易理论和新增长理论的建立与发展。尤其是新贸易理论，解决了垄断竞争和规模收益递增的市场结构问题，为新经济地理学的建立提供了分析工具。其中垄断竞争通过差异性的、具有不完全替代性的多样化产品之间的竞争来表达，规模收益递增则在新经济地理学的建模中，通过单位产出的投入成本递减的形式来实现。

一、同质性模型构建

早期的 NEG 模型，可以根据经济活动集聚机制的研究尺度分为三个方向：一是研究区域间经济要素的相互关系或者相对关系，来揭示经济活动的集聚机制；二是研究生产部门间经济活动的相互关系，来阐述经济活动的空间集聚机制；三是研究企业间由于生产效率等属性的差异而引起的经济活动分异机制。

研究区域间经济要素的相关关系（要素流动视角），来揭示经济活动的集聚机制的模型，主要是在 DCI 框架下，通过对 CP 模型的扩展来说明经济集聚的微观机制。我们知道，CP 模型的经济生产要素只有劳动力，其中工业劳动力可以流动，而农业劳动力不可以流动；厂商的生产函数由固定成本为 F 单位的工业劳动力和单位产出需要 a_m 单位的可变工业劳动力构成。马丁和罗格斯（Martin and Rogers，1995）构建的 FC 模型（footloose capital model），扩展了经济生产的要素，包括劳动力和物质资本，厂商的生产函数固定成本部分则换成了 F 单位的物质资本。劳动力在区域间不可以流动，而物质资本受名义资本利率的差异的影响在区域间自由流动；但是资本的所有者并不随物质资本跨区域流动，这样模型就不存在前后联系的循环累积效应。FC模型最大的优点是简化了CP模型的运算并可以得到产业分布s_n的显性解，使模型更具操作性。我们就可以借鉴对称性模型的解析，研究经济活动的非对称性问题。在FC模型中，经济系统只有对称均衡和CP结构两种长期均衡状态，不存在长期均衡的重叠区。在福斯里德（Forslid，1999）、奥塔维亚诺（Ottaviano，2001）、福斯里德和奥塔维亚诺（Forslid and Ottaviano，2003）等开发并完善的FE模型（footloose entrepreneur model）中，厂商的固定成本是F单位的人力资本（或者叫企业家），同样劳动力在区域间不可流动，而人力资本由于实际工资差异可以跨区域流动。这样，FE模型其集聚机制完全与CP模型的集聚机制相同。不同的是，FE模型中厂商的生产函数中，可以流动的人力资本部分只占总流动要素的一部分，其集聚力的作用相较于CP模型中的集聚力较为弱小，经济集聚的"非黑洞条件"就没有那么严苛。

除了经济要素的相互流动关系可以导致经济活动的集聚，区域间经济要素的相对关系（"比较优势"视角）也能引起经济活动的聚集。引入资本生产部门、资本折旧思想的CC模型（Baldwin，1999）、GS模型（Martin and Ottaviano，1999）和LS模型（Baldwin and Martin，2001），探讨了在经济要素不流动的情况下，通过区域自身的资本生产也能够导致经济活动的集聚，模型间的区别在于，在资本生产的成本问题的假设上存在差异。所以，在一定程度上，该类模型可以视为新经济地理学框架下的经济增长模型。CC模型又被视为外生增长模型，而GS模型和LS模型为内生增长模型。CC模型（constructed capital model）与FC模型一致，厂商生产所使用的固定成本仍然为F单位的物质资本，只不过这里假设存在一个使用劳动创造物质资本F的资本生产部门，该部门仍然是完全竞争的市场结构。生产资本的成本在所有区域都相同且不发生变化，而且使用资本则存在折旧情形。虽然资本不可以跨区域流动，但是不同的区域由于外在冲击等因素，其资本收益率存在差异。这样，收益率高的区域可以通过不断地生产新的资本扩大其市场规模，而收益率低的区域相对的由于资本折旧，会使其市场规模越来越"萎缩"，这就解释了不存在经济要素流动的情况下，区域间经济要素的相对关系也能演绎经济活动的集聚。但是，系统长期均衡时，由于 CC 模型的总支出和资本存量只受外生变量的控制，故 CC 模型只是一个外生的新经济地理学增长模型。而在 GS 模型（global spillover model）、LS 模型（local spillover model）中，更加注重资本生产部门对学习曲线思想的利用。厂商所使用的固定成本更多的是以知识资本的形式存在，同样存在一个生产这种知识资本的部门，与 CC 模型不同的是，生产知识资本的成本不再以固定不变的一个常数。知识资本生产与知识资本的存量相关，存量越多，生产知识资本的成本越小；不同的区域之间会由于知识资本的存量不同，导致生产知识的成本存在差异，而且使用知识资本也存在折旧。如此，也就扩展了 CC 模型关于经济增长的微观机制探讨，使得长期经济增长率内生化，突破了 CC 模型长期经济增长率为零的束缚。GS 模型和 LS 模型的不同在于对知识资本溢出的假设上，由于知识资本的存量受知识资本溢出的影响，这样就决定了生产知识资本的成本差异。在 GS 模型中，假设知识资本的溢出不受空间因素的影响，各个区域均相同，这样就得到了一个"空间中性"的内生增长模型。而在 LS 模型中，随着距离的增加知识资本的溢出减少，由于不同的区域存在溢出效应的差别，"空间中性"不再成立，不同的区域有不同的长期经济增长率。

采用在生产函数中引入中间投入品的需求组合而发展起来的垂直联系模型，不考察区域间要素的流动，而是通过中间投入品之间的组合关系（也可以看作是不同部门生产的产品，存在生产最终产品之间的需求关联，即产业的上下游联系），来研究经济活动的集聚机制。典型的模型是基于 CP 模型、FC 模型和 FE 模型进行的拓展：以中间投入品组合代替 CP 模型中生产函数的固定成本和可变成本，就得到了"核心边缘垂直联系模型"（即 CPVL 模型，Krugman and Venables，1995）。在 FC 基础上拓展，使用中间投入品组合替代生产函数中的固定成本 F，可变成本仍然为资本，就得到了基于垂直联系的"自由资本垂直联系模型"（即 FCVL 模型，Robert-Nicoud，2002）。同样，将生产函数中固定成本部分用中间投入品组合来表示，引入 FE 模型中，就可以得到"自由企业家垂直联系模型"（即 FEVL 模型，Ottaviano，2002）。这些模型，通过探讨产业之间的相互关联作用，阐述经济的集聚现象。

以上的模型构建，都是在 DIC 框架下的发展。由于特殊的假设要求，一些非常合理的假设譬如"冰山交易成本"一次性的空间引入，虽然简化了模型的构建，也符合空间运输的逻辑，但是却忽略了运输成本的随空间距离渐变的性质。同时，DIC 框架下较为依赖计算机模拟与演化分析，通常得不到可以用于实证的显性解等。这些都为模型的应用与推广产生了障碍，基于此，奥塔维亚诺（Ottaviano，2001）、奥塔维亚诺等（Ottaviano et al.，2002）采用准线性二次效用函数替换了 DCI 框架下不变替代弹性系数嵌套型的 C – D 效用函数，用线性运输成本替换了"冰山交易成本"，由此建立了新经济地理学的线性模型。

新经济地理学以经济集聚为考察对象，以分析经济主体微观机制的相互作用，阐明经济活动集聚的内在微观成因。如果我们将经济要素、产品、服务等生产与交换这种"物质化"的经济活动看作"经济关联"，通过"经济关联"的力量解释这种微观成因是包含 DIC 框架下大部分模型和线性模型背后的分析逻辑。那么，同样也存在另一种解释经济活动集聚的内生力量，即知识、创新、文化等"非物质化"

的内生力量，也可以称为"知识关联"。目前，仅有少量的文献通过"知识关联"构建新经济地理学的理论模型，常见的有藤田昌久（Masahisa Fujita，2007）、伯利亚特和藤田昌久（Berliant and Masahisa Fujita，2009）建立的 TP 模型（two person model）、唐纳德·戴维斯和乔纳森·丁格尔（Davis D and Dingel J，2019）建立的 SK 模型。

二、异质性模型研究

有关经济主体异质性的文献，早有涉及（如马克·哈吉特 Mark Huggett，1993）。然而，在国际贸易领域，真正将异质性纳入主流经济学分析的是梅利茨（Melitz，2003）作出的尝试：在文献中他创新性地考察了存在贸易成本的情况下，拥有不同生产率的企业的出口行为，研究发现，只有那些拥有高生产率的企业，才会选择出口；低生产率的企业则会退出出口，只选择经营国内市场。这篇文章之后，掀起了研究异质性的浪潮。尤其是在新经济地理学领域，鲍德温和奥库博（Baldwin and Okubo，2005）率先将企业的异质性引入新经济地理学的 FC 模型中，研究了产业集聚与企业异质性之间的关系。引入企业的异质性之后，NEG 模型出现了两种新的效应——选择效应（selection effect）和排序效应（sorting effect）；率先由南部向北部转移的企业都是拥有较高生产率的，进一步发现随着贸易自由度的提高，市场规模大的地区将聚集拥有高生产率的企业，而市场规模小的地区聚集了所有低生产率的企业；企业的异质性削弱了本地市场效应。在此之后，梅利茨和奥塔维亚诺（Melitz and Ottaviano，2008）、鲍德温和奥库博（Baldwin and Okubo，2009）、高桥隆俊和雅克－弗朗索瓦·蒂斯（Takatoshi Tabuchi and Jacques-Francois Thisse，2009）、皮埃尔－菲利普·孔布等（Pierre-Philipe Combes et al.，2012）和福斯里德和奥库博（Forslid and Okubo，2015）等进一步研究了企业的异质性与集聚之间的关系。而另一经济主体——消费者的异质性研究也有涉及，村田安定（Yasusada Murata，2007）构建了一个简单的包含消费者异质性的模型，研究发现，当偏好的异质性较小时，市场采取大规模的企业进行生产；当偏好的异质性较大时，市场采取较小规模的企业进行生产；当偏好的异质性处于二者之间时，市场中大规模的企业和小规模的企业共存。目前研究消费者异质性的文献，在产业组织理论中讨论较多（齐兰、赵立昌，2015）。主要围绕不同产品的异质性偏好（Bar-Isaac et al.，2012；Huanxing Yang，2013；Thomas and Williams，2014）、同质产品的异质性偏好（Fudenberg and Tirole，2000；Yuxin Chen and Z. John Zhang，2009）、网络效应的异质性偏好（Cadogan et al.，2012；Saakhilati，2015）和有限信息的异质性偏好（Yuxin Chen et al.，2010；Kutlu，2015）四个方面展开。

然而，在 NEG 框架下研究消费者异质性的文章却较少。高桥隆俊和雅克－弗朗索瓦·蒂斯（Takatoshi Tabuchi and Jacques-Francois Thisse，2002）认为，随着经济的发展，具有不同偏好的劳动力转移福利不仅受产品（工业品和农业品）数量的影响，还要受环境、基础设施条件等非经济因素的制约。通过将离散选择理论引入 NEG 模型中，他们研究了劳动力跨区域转移过程中的偏好异质性，结果发现，劳动力偏好的异质性是产业集聚较强的分散力；在存在劳动力偏好异质性的情况下，产业的空间分布（或者实际工作的差异）与区域间交易成本呈平滑的钟形曲线关系，突破了传统 NEG 模型中不符合现实的突发性集聚的结论。奥库博和皮卡德（Okubo and Picard，2011）在 OTT 的框架下，研究了消费者的异质性需求与企业的定位之间的关系，研究表明，具有高需求销售要求的企业，通常选择在较大的国家（或者区域）建立自己的工厂。仅有的少数文献，也预示着 NEG 未来可能的研究方向。

很早就有文献意识到劳动力的异质性在塑造经济地理中的重要作用（Borjas Bronars and Terjo，1992；Chiswick，1999）。在考察异质性劳动力转移的文献中，多从劳动力的技能角度进行经济学的分析。科尼利奥（Coniglio，2002）将劳动力分为高技能和低技能，并发现技能溢价是一个地区高技能劳动力数量的增函数。钟笑寒（2005）根据流动劳动力的技能差异，将其分为"蓝领"和"白领"，并考察了这种差异所导致的二者的工资差异，同时验证了劳动力的流入对本地工资增长的正效应。赵伟、李芬（2007）将流动的劳动力作高技能和低技能的区分，并认为高技能劳动力提供的劳动是低技能劳动力提供的倍数，在这些假设之上考察了高技能劳动力的聚集对地区收入差距的影响。科斯蒂诺和沃格尔（Costinot and Vogel，2010）考察了劳动力技能连续分布下劳动力个体工资的变化情况。还有学者从劳动力技能水平差异与工作岗位技术要求相互匹配的角度，探讨了劳动力的流动对我国地区差距的影响，发现技能匹配度是劳动力流动所形成的地区经济差距是否稳定的关键因素（彭国华，2015；刘晨晖、陈长石，2022）。

在 NEG 模型的框架下，学者们对劳动力的异质性也作了非常具有借鉴意义的探讨。科尼利奥（Coniglio，2002）以克鲁格曼（Krugman，1991a）的模型为基础构建了异质性劳动力和厂商的自我选择模型，该模型突破了传统新经济地理模型准静态分析的藩篱，并发现高技能劳动力相较于低技能劳动力更倾向于流动，存在着技能区分的高技能劳动力较强的自我选择的流动模式。孔布、杜郎顿和戈比永（Combes，Duraton and Gobillon，2004）发现，忽视了劳动力的异质性将会高估聚集经济的作用，而且具有异质性的劳动力会按照地理区位对自己进行排序。森智也和图尔里尼（Tomoya Mori and Turrini，2005）研究了存在技能的异质性在解释由资金外部性导致的区位选择上的作用，结论是拥有较高技能的人才，选择留在总收入和技能较高的区域，低技能的人才留在较低总收入和技能的地区。阿米蒂和皮萨里德斯（Amiti and Pissarides，2005）在 NEG 模型的框架下，考察了劳动力的异质性对贸易与产业集聚的影响，结果发现，在引入劳动力的异质性之后，贸易自由度的提高将带来产业集聚和区域内贸易；同时，当地厂商的市场垄断能力得到了提高，也改善了市场匹配工作的能力；匹配能力可能是引起产业集聚的又一集聚力。已有的文献研究，肯定了劳动力的异质性与产业的空间分布之间的关系。

三、研究展望

模型的理论建构方面，由于模型的假设条件往往较为严苛，即使是同一个模型，由于假设条件的适当放松，结论有时也会发生较为明显的变化。随着经济形势与经济环境的剧烈变化，模型的理论建构应当更为具体地体现真实的经济特征。譬如，随着劳动力素质的提高，劳动者之间的异质性问题；互联网经济的快速发展，早就在一定程度上"消弭"空间因素对经济活动的塑造与制约。如何通过新的变量引入，考察这种网络时代的新经济地理学？新经济地理学模型，往往注重微观原因的探究，但像我国这种经济结构下，区域间的差异非常明显，建模中如何体现宏观的区域特征在模型机制中的作用？更有一个需要解决的问题，新经济地理学注重演化在经济活动空间中的重要作用，但是模型一直不能有效地引入时间这一变量，打破当下建模中准静态的分析范式，构建动态的新经济地理学？虽然"新"新经济地理学在这方面做了很好的尝试，也发现了不同于传统的新经济地理学的一些结论，但是新经济地理学仍然没有超脱自己近乎完美的模型构架与假设虚拟。如何在接下来的工作中，不断地打破各种虚拟的"原始"束缚，不断地纳入适合新的经济特征的有效变量，不断地扩展新经济地理学的研究范围与边界，可能是接下来模型构建需要考虑的方向。

实证分析方面，虽然有部分实证的文章考证了新经济地理学经典结论，譬如对"本地市场放大效应"的论证，但是不得不承认的是，新经济地理学的实证分析的文章并不是很多。模型的理论发展远远超过实证的分析，很多结论也只是根据不同的模型在具体的假设基础上得出的。典型的代表是，可以从模型推导中发现贸易保护政策的降价效应（price-lowing protection effect，PLP）的存在，但这一发现并不符合许多发展中国家实施工业化过程中的单边贸易保护政策的效果情况；由于模型缺乏相关的实证检验，就不能进一步说明其中可能存在的其他原因，限制了 PLP 效应在实际操作中的指导作用。实证分析的短板限制了该学科的应用范畴，同时也制约了本学科从实证中发现问题，进而丰富理论模型的构建。为了使得新经济地理学富有更活跃的生命力，今后围绕理论分析的结论进行的实证研究，必将会吸引新经济地理学者的热情。同样，不可忽略的问题是，在试用新经济地理学的理论分析我国的经济问题时，必须结合我国的经济特征、具体的国情，不能生搬硬套。

第四节　文献述评

一、传统框架分析劳动力流动与产业空间分布

完全竞争框架下的劳动力流动分别从个人、家庭、国家或者是国际经济发展形式的角度对劳动力为什么流动、流动的方式、流动的趋势等特征都作了宏微观的分析，初步探究了劳动力这一较为活跃的经济因素在经济活动中的重要作用与影响。产业转移（或者是空间分布）则更多是从宏观的视角分析，通过比较不同地区（或国家）的动态比较优势的差异，分析厂商进行理性追求最大化利润（或者尽可能地占有市场），最终引起产业空间分布上的变化；当然，这里也有从微观视角分析产业转移的行为，如考察企业的内迁等。同样，在说明劳动力流动与产业之间的相互关系时，学者们也作了充分研究。然而，究竟是

劳动力的流动引起了产业转移？还是产业的转移引起劳动力的流动？抑或是二者本不存在必然的因果，而只是存在高度相关？这一核心的相互关系，并没有在学界得到统一的认识。典型的代表如：从产业空间分布的视角分析，正是由于产业的空间分布发生了变化，最终决定了劳动力空间上流动的选择（陈建军，2009；王炜、郑悦，2019；严雪心、周婕等，2023）；区域间政策的不一致以及禀赋动态优势的比较变化进而产生的地区差异，在决定劳动力流动选择中扮演着重要作用，紧接着才有了产业空间分布的变化（苏华、赵梦园等，2013；许清清、范甜甜等，2019；邓仲良，2023）；也有学者认为，产业的转移与劳动力的流动之间存在高度相互促进的关系，并不单纯地由一方面决定另一方面（范建勇、王立军等，2004；皮亚彬，2023）。

考虑到劳动力流动、产业转移以及二者之间的关系，传统分析框架下并不能完全解释其背后的成因，很大一部分程度上可能源于这些分析理论与模型：一是缺少考察空间因素对其作用的影响，二是忽略了规模收益递增的经济特性。并不是说学者们没有发现规模收益递增的经济特性与经济空间因素的影响，只是分析研究的技术方法一直没有取得突破进展。忽略了空间因素的影响以及规模收益递增的分析机制，并不能完全说明参与经济活动的经济主体之间的相互关系，这种传统的分析缺乏微观的逻辑基础，使得理论与模型的结论存在细微的偏差。虽然，我们已经用这些理论结论很好地解释并指导了经济发展，但随着当下互联网经济的快速发展，新的业态的产生与变化可谓瞬息万变。如何从微观的视角，完善微观主体的经济学属性，使得包含空间因素的经济学分析更能贴近现实？这样，理论的解释能力与应用才能更加具有说服力。

二、新经济地理学框架分析劳动力流动与产业空间分布

在研究经济活动的集聚过程中，新经济地理学完美地融合了规模

收益递增的市场特性和垄断竞争的市场结构，并将空间因素纳入分析框架中，解决了经济学模型在解释经济集聚现象的微观基础问题；演化分析的视角，在准动态的逻辑演绎下，考察了经济活动短期均衡与长期均衡的经济状态；通过计算机模拟，再现了以产业为视角的经济系统变化过程。在经典的 CP 模型中，模型构建者假设劳动力的偶然流动导致了区域间市场规模的差异，进而由此演绎了"核心-边缘"的市场结构。这为包含空间因素的经济学分析提供了新的分析视角，扩展了主流经济学的分析领域。

然而，新经济地理学模型过于重视微观机制的探究，往往忽略了经济系统宏观特性的动态变化对模型微观机制的影响作用。不同区域间政策的差异、环境舒适度的不同、禀赋优势动态的变化等，都会对经济系统的微观主体产生影响，进而可能导致新的宏观结果。除此之外，经济主体之间存在明显的异质性差异，微观的异质性特性又是如何在模型中产生影响的？虽然"新"新经济地理学在该领域作出了有效的尝试，但是远远不能够说明整体的经济系统与异质性主体的演化关系，包含多维的异质性模型还没有研究者作出尝试。而且，在传统假设基础上推演出的结论，大多没有大量的实证研究作为佐证，这就为模型对现实经济的指导与应用造成了阻碍。再者，虽然新经济地理学模型打破了传统框架下完全静态的分析范式，但是却一直没有解决模型动态化的问题。如何将时间 t 引入模型，考察经济活动的时间效应？将是今后模型构建的突破点。

现实情况下，不仅是产品的运输与销售存在成本，劳动力的跨区域转移也存在成本；相较于产品的种类差异性，流动的劳动力个体之间更是体现着个性。由于新经济地理学对经济集聚现象具有较强的说服力，本书试图在经典的 CP 模型基础上进行拓展分析，将可流动的工业劳动力作为主要分析对象，考察其转移成本、异质性对产业空间分布的影响；通过理论分析，为提高资源的配置质量提供参考。

50

第三章　空间的属性
与经济学的空间引入

　　我国经过40多年的改革开放进程，经济系统发展面临环境污染、资源枯竭、生态破坏等制约瓶颈。为了使得改革开放的成果为全民所共享，必须树立绿色发展的理念，把握区域发展的经济规律，科学认识经济空间的块状特性（安虎森，2010），推进东、中、西部以及东北地区的协调发展。党的十八届五中全会提出的"创新、协调、绿色、开放、共享"五大发展理念，正是充分认识到我国当下的基本国情而作出的高瞻远瞩的理论构思。经济学是研究稀缺资源如何有效配置的科学，传统的主流经济学在规模收益不变（或者规模收益递减）与完全竞争的市场框架下，考察资源的配置问题；由于要素资源、市场、区域不可能剥离空间属性而独立存在，往往空间属性又具有稀缺性，因此忽略空间因素的经济学考察，并不能科学说明资源配置的完整性。忽略空间因素的经济学研究，其实质也是有意或者无意不承认空间属性的经济作用，对于要素、市场主体以及市场本身，在理论研究与实证研究中空间属性究竟存不存在？空间属性存在又是如何表达？通过文献梳理，挖掘经济活动的空间因素如何被引入经济学研究中，就具有一定的理论指导意义；同时，对于科学推进我国的区域协调发展，具有很强的现实意义。

──────── 第一节　空间的属性 ────────

这里的空间是指经济要素、经济主体、经济活动以及经济活动集聚所需的实体空间。每一种经济活动的参与者都有其时空属性，对于空间属性的剖析将更真实地接近我们的现实。空间的属性究竟包含哪些呢？

一是空间的位置性。任何一种经济要素、经济主体以及经济活动必须占有一定的空间位置，而往往这种空间位置又具有垄断性、唯一性和稀缺性，这也是传统古典经济学在试图将空间要素引入经济学分析中遇到的最大技术障碍，难以将具有垄断属性的真实位置引入适当的模型并解决规模收益递增的市场结构问题。

二是空间的差异性。这是通过对不同的个体之间进行比较来定义空间的属性。小到一个村庄大到一个城市抑或是一个国家，都有其属于自身的"个性"，体现在空间的属性上，就是个体之间的空间差异性。

三是空间的距离性。个体与个体之间由于所处的空间位置不同，肯定会有一定的距离。这种距离体现在要素的转移、产品的流动以及商品的跨国贸易，必须克服一定的空间距离才能送达到预定的目的地。

四是空间的势能性。具有一定市场规模或者经济集聚的空间区域，势必存在着空间区域之间关于供给与需求的相互影响，体现在经济活动的空间相关与溢出效应的存在。

──────── 第二节　经济学的空间引入 ────────

传统的空间经济研究者，试图在"阿罗-德布鲁"一般均衡模型框架下引入空间因素，但正如空间不可能定理告诉我们，如果规模收益不变或递减且空间为同质，则不存在有关运输成本的竞争均衡，也就是无法将空间问题纳入"阿-德布鲁"式的均衡分析框架中。这需要其他方面的努力与尝试，才能将空间因素纳入经济分析框架中。

一、基于交通-运输成本的空间引入

通过交通-运输成本将空间因素纳入经济学分析，可以追溯到德国传统的古典区位论。该理论出现于 1826 年的《孤立国同农业和国民经济的关系》一书中，约翰·冯·杜能（Johann Heinnch von Thünen，1826）通过考察地租、运输成本和农产品收益之间的关系，得出了以城市为中心，由内而外依次排序的六个环状同心圆结构，也就是著名的杜能环状结构的农业类型分布图，开创了将运输成本纳入经济学分析的先河。

随着第二次产业革命的浪潮，德国经济快速发展，产业迁移和工业的选址问题成为学者们关注的焦点。韦伯（1909）《工业区位论》正是在这一背景下创作完成的。在这部经典著作中，韦伯系统地构建了一系列概念、原理和规则，在该书第三章"运输指向"中，详细分析了运输成本的依据，即运载重量和运载距离，将具有空间属性的生产要素和产品，巧妙地纳入工业区位选择的分析中。

在早期考察城市这一经济集聚现象的分析中，阿朗索（Alonso，1964）创造性地将通勤成本的分析方法应用于其博士论文《区位和土地利用》，定义通勤成本是城市居民的居住面积以及通勤距离等因素的函数。文章中，他用经常往返于农村与城市的"通勤者"（commuters）替代杜能环中的农民，用中央商业区（central business district，CBD）替代《孤立国》中的城市，进而构建了一个"单中心的城市模型"，描绘了一幅比冯·杜能的模型更令人满意的经济活动图景。

古典和新古典经济学都试图在完全竞争的一般均衡框架下引入空间

因素，通过交通-运输成本的考察，有时甚至把空间因素直接当成一种生产要素纳入生产函数中。艾萨德（Isard，1956）的《区位和空间经济学》，其替换原理的分析本质就是把空间（交通运输成本）当作一种可以交换的生产要。直到斯图尔特（Starrett，1978）提出了空间不可能定理，即在存在运输成本的情况下，且空间是均质的，则不存在包含运输成本的竞争性均衡，宣告了在完全竞争框架下让空间融入一般均衡分析的失败。但是，交通－运输成本作为将空间因素纳入科学研究的最初尝试，在以后所有的研究空间的学科中都留下了深深的烙印，如经济地理学、区域经济学、城市经济学、新经济地理学、新新经济地理学等。

二、基于"引力－场"的空间引入

增长极是区域经济发展非均衡理论中比较流行的概念，法国经济学家弗朗索瓦·佩鲁（Francois Perroux，1950）最先于1950年提出该概念——"可以把产生支配效应的经济空间看作力场，在这个力场中的推进型单元——推进型企业或者产业可以描述为增长极"。但是，较早研究经济行为的空间辐射影响的当属沃尔特·克里斯塔勒和奥古斯特·勒施。

沃尔特·克里斯塔勒（Walter Christaller，1933）在《德国南部中心地原理》中，充分考察了中心商品的影响范围，在市场原则、交通原则和行政原则的区分下，分别得到了不同规模的中心地等级体系。在该书的第三部分区域篇"德国南部中心地的数量、规模和分布"实证分析中，使用了区域间电话线的数量来量化不同中心地之间的引力影响。奥古斯特·勒施（August Lösch，1939）在《经济的空间秩序》中，在利润最大化原则之下，充分考察了商品的销售范围，综合分析得出参与经济活动的主体，其区位选择不仅受到传统供需关系的影响，还会受到其他经济主体的制约；最优的博弈空间区位均衡，是具有六边形特征的经济空间范围。

随着大量数据的累积以及科学的发展，社会经济学家将牛顿的物理学法则应用于社会科学研究，产生了所谓的"社会物理学"；在研究经济活动的空间影响时，引力定律的应用最为广泛。真正的引力模型公式的出现，始建于斯图尔特（1948）和齐夫（Zipf，1946）的文章中。[①]

同样，在国际贸易的研究中，引力模型是一个非常有用而且应用广泛的分析工具。安德森（Anderson，1979）指出，在任意两个国家之间，贸易引力模型是指某一个国家的单向贸易总量，常常正比于这两个国家各自的经济规模，反比于它们之间的空间距离。一般情况下，经济规模用该国的 GDP 来表示，即 $T_{ij} = A \cdot Y_i \cdot Y_j/D_{ij}$，其中，$A$ 是常数（通常也称为引力系数），Y_i，Y_j 分别为国家 i 和国家 j 的 GDP，以此公式来衡量两个国家之间贸易的相互影响（克鲁格曼等，2016）。引力模型分析的是处于两个不同空间位置的区域之间的相互影响以及作用。与此相关的市场潜力模型，则是讨论了空间上某一个区位（或市场）所拥有的"潜在"影响。哈里斯（Harris，1954）探讨的市场潜力模型，考察了一个作为生产地的地区，与市场的通达程度决定了该地区的区位选择。在其他条件不变的情况下，具有最大"市场潜力"的区位对即将进入市场的厂商最具有吸引力，可以用一个构建的指数 P_i 来表示区位 i 的市场潜力克鲁格曼（Krugman，2000）；哈里斯（Harris，1954）曾画出了美国市场潜力平面地图，地图显示，在制造带内，高市场潜力与产业集中现象之间存在显著的相关关系。[②]

经济的发展使得区域之间空间上的联系与影响存在了多元化趋势。牛方曲、刘卫东等（2015）在研究城市群多层次空间结构的算法

---

① 他们两人独立提出了这一公式。齐夫致力于对两个城市之间，空间相互作用（使用铁路运输量、电话通话量，以及相似的社会或经济交流形式的数量来定义）水平的研究。他提出的特别有用的公式是（P1P2）/D，即两个城市人口的积，除以其间的距离。

② 保罗·R. 克鲁格曼. 发展、地理学与经济理论 [M]. 北京：北京大学出版社，2000.

时，建立了新的引力模型[①]，他们利用城市与城市之间的流态（如物流、人口流、信息流等）来量化城市群的空间组织中城市间相互作用强度。顾高翔、王铮等（2014）通过对不同的道路交通网赋予不同的权重以体现异质性，进一步构建了一个基于 Agent 的动态区域经济模型，以研究技术扩散和资本流动对中国区域空间结构演化所产生的影响。

三、冰山交易成本的空间引入

空间因素以冰山交易成本的形式被引入经济学分析，是由萨缪尔森（1952）提出的：进行贸易的商品，由于处于不同的地理空间，在运输的过程中就会如冰块一样部分"融化"掉，融化掉的部分就代表了商品空间上的影响而产生的成本。冰山交易成本公式为 $T_d = e^{-\tau d}$，其中，τ 是冰山成本的衰减系数，d 是公路（铁路）运输距离；距离越长意味着运输产品的成本越高，与此相反，距离越近运输所需要的成本就越少。克鲁格曼（Krugman，1991）将冰山交易成本引入 D - S 垄断竞争的模型中，并结合消费者偏好多样性工业品的假设，建立了典型的核心 - 边缘模型（core periphery model），开辟了新经济地理学（new economic geography，NEG）研究经济集聚的新范式。

四、基于异质性的空间引入

使用代表性的微观主体（厂商、消费者）以及均质性的假设，是经济学分析惯用的工具，但是具有空间属性的市场主体恰恰又是政策分析与政策施行过程中必须考虑的异质性对象。新经济地理学采用冰山交易成本纳入垄断竞争框架的模型分析，对于从宏观角度研究经济

①　其改进的模型为：$V_{ij} = \dfrac{\sqrt{P_i G_i} \cdot \sqrt{P_j G_j}}{A_{ij}^2}$，其中 V_{ij} 是城市间社会经济联系评价值，P_i、G_i 分别是城市 i 的人口总量和 GDP 总量，P_j、G_j 分别是城市 j 的人口总量和 GDP 的总量，A_{ij} 是两城市间的交通可达性评价值。

的空间集聚现象，得出了令人信服的结论；然而，从微观的视角研究经济现象的集聚成因，却不得不突破 NEG "代表性"的假设限制；融合了异质性与 NEG 模型的分析框架，对于将空间因素纳入主流经济学的分析提供了崭新的视角。

梅利兹（Melitz，2003）率先将异质性企业引入国际贸易模型中，试图说明贸易中企业的差异如何对出口决策行为产生影响，鲍德温和奥库博（Baldwin and Okubo，2006）借鉴梅利兹的研究思路，将微观主体的异质性引入 NEG 的分析框架，建立了第一个后来被称为"新"新经济地理学的模型。

目前，研究异质性的空间主体的"新"新经济地理学模型主要围绕以下三个方面：一是异质性厂商的模型探讨，鲍德温、奥库博以及福斯里德（Foslid）在这一领域作出了重要贡献，并发现了一些新的结论贡献，譬如选择效应的存在，可能使得之前关于产业集聚的测度存在偏差。二是消费者异质性的考察，例如高桥隆俊和雅克－弗朗索瓦·蒂斯（Takatoshi Tabuchi and Jacques-Francois Thisse，2002）最早将消费者异质性引入 OTT 框架中，在假设居住条件异质性偏好和劳动力可流动的基础上，研究了人口与产业的空间分布问题；模型分析表明，异质性偏好是一种很强的分散力，运输成本的变化会导致分散、部分的聚集以及最后的分散三种均衡状态，最终产业的空间分布与运输成本呈现出一种缓和的钟形状，从而推翻了传统 NEG 模型中"棒-棒"均衡结论（杨开忠、董亚宁等，2016）。三是异质性劳动力的模型探讨，前两个方面的模型已有文献较多涉及，但是关于异质性劳动力的模型却较少研究。部分研究者在这方面作了卓有成效的探讨，森智也和图尔里尼（Tomoya Mori and Turrini，2005）探讨了存在先天技能差异的工人在就业区域选择上的差异；阿米蒂和皮萨里德斯（Amiti and Pissarides，2005）的研究则发现异质性劳动力是促进区域集聚的一种重要力量；科尼利奥（Coniglio，2002）以克鲁格曼（Krugman，

1991a）的模型为基础构建了异质性劳动力和厂商的自我选择模型，该模型考察了高技能劳动力在流动过程中知识的外溢效应，并突破了传统新经济地理模型准静态分析的藩篱。

———— **本章小结** ————

对于经济活动空间属性的探究，既是理论研究的需要，也是现实发展的诉求。由宏观、理性、忽略空间的代表性市场主体到体现主体差异、要素异质，通过交通运输成本、"引力－场"、冰山交易成本、异质性等技术手段将空间（属性）因素引入主流经济学的分析框架，对于理论的探究以及政策的导向已经取得了许多有益的进展。

但是，经济活动的空间发展还具有时间属性，如何在静态分析同时进行动态化的空间演化研究？空间的渐进性如何在模型中得到表达？市场主体之间的互动策略和博弈行为又如何模型化？生产的分割是经济全球化的主要特征，如何将异质性企业的生产布局纳入模型分析中？网络的发展使得经济的空间结构发生改变，如何研究这一改变对经济活动的逆向影响？等等，仍然是等待解决的空间问题。

在交通运输成本的分析中，单纯地通过距离因素考察空间影响已经不能说明现实复杂的问题。譬如，容易忽略由于运输密度所引起的成本上的差异，如何将运输密度与距离共同决定的成本，通过模型的形式引入空间的探讨中？森智也和西君浩二（Tomoya Mori and Koji Nishikimi，2002）在这方面作了很好的探索。贝伦斯等（Behrens et al.，2006）将运输部门的密度经济引入贸易和地理模型中，探讨了产业的突发性集聚和多种均衡的可能性。同时，考虑到交通技术的进步，譬如高铁在我国经济活动的塑造作用，如何再现运输成本的空间替换，势必引来越来越多的学术探究。

经济已步入新常态，国家城市群发展战略明确指出，"要把城市群作为推进城镇化的主体形态；已有城市群要继续发挥带动和辐射作用，加强城市群内各城市的分工协作和优势互补，增强城市群的整体竞争力；具备城市群发展条件的区域，要加强统筹规划，以特大城市和大城市为龙头，发挥中心城市作用，形成若干用地少、就业多、要素集聚能力强、人口分布合理的新城市群"[①]。进入 21 世纪，互联网技术的进步，使得网络经济跨越常规的国界和时差障碍，正以迅猛的发展姿态影响着全球的经济；在城市群建设成为推动我国区域发展的重要推手的背景下，引力–场对应的城市群的空间引入，再加上网络发展催生的互联网、物联网经济的相互影响，对于塑造我国当下的经济空间格局的研究探讨，也将迎来新一轮的分析"热潮"。

在引入冰山交易成本的 NEG 模型中，往往没有考虑其他具有空间属性的因素对经济活动的影响；譬如环境规制、制度、文化等在参与经济活动中的作用，被模型构建者有意地剔除。在以后的研究分析中，将这些具有空间属性的因素，经过合理的替换变量或者途径引入传统的分析框架，将会更进一步接近真实的经济现象，对于现实的阐述将更为清晰。

在异质性分析中，目前只是单纯地考虑一种异质性对模型的结论进行拓展，其分析视角也不全面，譬如忽略了消费者储蓄行为的异质性对消费结构的影响等。经济活动是由多个具有空间差异的主体共同参与，如何构建具有多维异质性的模型并采用综合的分析技术，进行现实的合理简化，以揭示经济活动的空间演化；及时生产（just in time）以及体验式销售模式的盛行，具有空间属性差异的要素投入，对于经济活动的塑造作用越来越重要，对于这种极具个体性的空间差异该怎么纳入模型的分析框架，也必将吸引研究者的探讨。

---

① 参见《中华人民共和国国民经济和社会发展第十一个五年规划纲要》，2006 年 3 月 14 日，http：//www.gov.cn/gongbao/content/2006/content_ 268766. htm，2016 年 3 月 2 日。

第四章　有关劳动力转移的特征化事实

新中国成立初期，我国的整体经济发展落后，在较早的一段时期内，允许劳动力的自由流动。但是，我国的工业基础薄弱，城市的发展也较为落后，并不能容纳大量没有工作的劳动力滞留在城市地区，随着管理城市问题的日趋严重，再加上经济发展的迫切需要，在采取计划经济的大背景之下，从1958年开始在很长的一段时间内，我国对人口的自由流动作了非常严格的限制。在这一阶段，国家通过有效的计划经济安排，初步建立了比较完善且较为独立的工业体系，逐渐摆脱了落后的局面。但是并没有解决十几亿人的温饱问题，国家仍然在贫困的状态下前行，直到改革开放，我国充分利用了第三次国际产业转移的大时代，更有利的是我国有庞大的劳动力人口，占据劳动力成本优势，在积极探索市场经济与社会主义结合的奋斗历程中，积极发展外向型经济。在经历40多年的改革开放，我国经济取得了举世瞩目的成就：当下，我国已经是世界第二大经济体；稳步进入世界中等富裕国家的行列；从2013年开始，我国的进出口贸易总额已经超过美国，成为世界第一大贸易国；2023年，我国的GDP更是突破126万亿元人民币，按照1978年基期的可比价格，约是1978年GDP总额的36.4倍。在这整个过程中，劳动力是最为活跃的经济要素。纵观我国的经济地理版图，可以发现经济活动集聚与劳动力聚集的完美耦合。戚伟、赵美风等（2017）基于县市尺度的劳动力转移研究发现，我国的劳动力流动经历了不频繁流动到频繁流动、从相对均势分布到高度聚集分布的演化过程；2010 年，全国 55.9% 的流动人口聚集在数量仅占 2.2% 份额的县市。截至 2016 年，我国内地开通地铁的城市共有 28 个[1]，城市总面积约占我国国土面积的 4.3%，但是其常住人口总数约占当年全国常住人口总数的 22.4%，其 GDP 总额约占当年全国 GDP 总额的 54.6%；更值得一提的是，这些开通地铁的城市，有一半处于东部地区（按照 2011 年规划的东部地区）。我国的经济发展具有较强的政策导向，随着我国经济进入新常态，加之劳动力本身也存在着不同以往的新特点，这种劳动力转移与经济集聚的耦合关系势必会受到新的波动与影响。本章我们试图从劳动力供给与需求两个视角，结合产业集聚的特征以及交通基础设施等运输条件的改善，通过宏观数据的梳理，试图阐明这种耦合关系。

── 第一节　存在大量非农劳动力的跨区域转移 ──

由于计划经济发展的需要，我国的劳动力尤其是农村非农劳动力并不能自由跨区域地流动。直到改革开放之后，我国对人口的管控才逐渐放松，非农劳动力才得以按照自身发展的需要进行跨区域转移。由于长期的制度管制造成的劳动力转移的障碍具有黏性约束，这种自由的流动，更多的是不离开户籍所在地的就地转移就业。我国存在较大范围的离开户籍所在地的人口流动，起始于 2003 年；在此之前，很少有跨省域的人口流动，更多的是在当地的乡镇企业进行非农业生产活动。采用 2000 年人口普查数据分析，特雷弗·汤贝和朱晓东（Trever Tombe and Xiaodong Zhu，2019）通过估计得出：在省域内，

---

[1] 这 28 个城市分别是：北京、天津、上海、广州、长春、大连、武汉、重庆、深圳、南京、成都、沈阳、佛山、西安、苏州、昆明、杭州、哈尔滨、郑州、长沙、宁波、无锡、青岛、南昌、福州、东莞、南宁、合肥。

流动人口由农村到城市的转移成本，约占平均收入的51%；在省域之间，流动人口由农村到农村或者是由城市到城市，其转移成本约占平均收入的94%；而当流动人口由农村跨省域转移到其他城市，其转移成本更是高达平均收入的98%。高额的转移成本使得很长一段时间内我国的劳动力被限定在固定的空间区域内，无法实现自由流动。随着经济社会发展的需要，不合理的制度安排逐渐被修改甚至放弃，非农劳动力的跨区域转移逐渐成为一种不可遏制的趋势。

由表4.1可知，2000年我国的人户分离人口约为1.44亿人，到了2021年，这一数据达到5.04亿人，平均每年增加约1800万人户分离人口。与人户分离人口较为密切的流动人口数，在2021年也达到3.85亿人。根据七普数据显示，流动人口人数约占当年全国总人口的27.7%，一个流动的中国是当下中国最明显的特征。尤其是，仍然存在大量的非农劳动力的跨区域转移，其背后有其深层次的客观原因。

表 4.1	2000～2021年流动人口数	单位：亿人
年份	流动人口数	人户分离人口
2000	1.21	1.44
2005	1.47	—
2010	2.21	2.61
2011	2.30	2.71
2012	2.36	2.79
2013	2.45	2.89
2014	2.53	2.98
2015	2.47	2.94
2016	2.45	2.92
2017	2.44	2.91
2018	2.41	2.86
2019	2.36	2.80
2020	3.76	4.93
2021	3.85	5.04

资料来源：国家统计局。

一、农业劳动生产率的提高，释放大量农业劳动力

农业生产率的提高，意味着在农业领域发生了"革命"。我国的"农业革命"不同于以往通过传统农业科学技术现代化而进行的改革，而是在国民经济快速发展的过程中，尤其是非农部门的发展和收入水平的提高，导致我国人民整体食品需求的转型，进而引起农业结构的深层次变化，促进了农业生产率的提高，其实质是由消费结构的变化所催生的"隐性农业革命"（黄宗智，2010）。但一个不容争议的事实是：新中国成立后，尤其是改革开放以来，我国的农业劳动生产率有了大幅度的提高；伴随着农业劳动生产率的提高，农业从业人口也大幅下降。

我国的经济改革开始于农村，最为明显的当属家庭联产承包责任制在广大农村的推行。开始于 1978 年冬天安徽凤阳小岗村的"大包干"，改变了"一大二公"的人民公社制度在农村农业生产领域的垄断作用。为了进一步调整农民、集体和国家之间的分配关系，释放农业生产力，国家更是在 1983 年取消了人民公社制度。家庭联产承包责任制为 20 世纪 80 年代初我国的农业生产和农民收入的提高提供了坚实的制度支撑，据国家统计局资料显示，1978~1984 年，我国粮食产量增加了近 1 亿吨，5 年间粮食产量年均增加近 2000 万吨，达到4.07 亿吨；同时期，农村农民的整体收入也增加了近 2.7 倍。林毅夫（Justin Yifu Lin，1992）的研究也证实，在该时期农业总增长的各种贡献因素中，有 46.9% 的贡献直接来源于家庭联产承包责任制。家庭联产承包责任制的施行与人民公社制度的废除，在释放农业生产力的同时，也从根本上改变了农村的制度安排对农业劳动力的束缚，为释放出来的从事非农生产的农业劳动力提供了最初的制度保障。由图4.1 所知：按照可比价格计算（以 1978 年为基期），我国的农业劳动生产率 1978 年为 359.7 元/人，到 2022 年这一数据为 3800 元/人，约

是改革开放初期的 10.6 倍；与此同时发生的是，农业从业人员占总就业人数的比例逐年下降，1978 年我国农业从业人员约占总从业人员的 71%，经历 40 多年的经济发展，总就业人数达到 73351 万人；到 2022 年农业从业人员比例下降到 24%，约有 17663 万人从事农业生产活动。考虑到 2022 年我国户籍人口城镇化率约为 65.22%，农业户口人数仍然具有相当规模，这一数据之间的对比，充分说明了农业生产率的提高，释放了大量的农业劳动力。结合着近 3.85 亿（2021 年数据）的流动人口数据，不难推测，我国当下有大量的从事非农业生产农业劳动力。据《2023 年农民工监测调查报告》显示：2023 年我国农民工总量继续增加，达到 29753 万人，比 2022 年增加 191 万人，其中本地农民工为 12095 万人；在外出的农民工中，省内流动人数约占总流动人口的 61.8%。

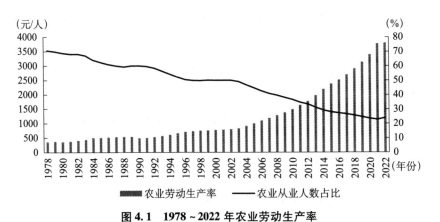

图 4.1　1978～2022 年农业劳动生产率

资料来源：历年《中国统计年鉴》《农村统计年鉴》《中国劳动统计年鉴》。

二、区域发展不平衡，存在巨大差异诱因

历经长期的区域非均衡战略的发展影响，纵观我国的经济地理版图，东、中、西、东北地区间的经济发展水平以及不同区域内部之间的经济发展水平，依旧存在较大的发展差距。然而，由于体制

障碍、技术障碍、市场障碍等原因，经济资源并没有随经济发展的内在需求而被分配到最能发挥其潜能的区位、部门或者领域，使得资源真实的效能不能充分发挥，资源配置错位。陈诗一、陈登科（2017）研究发现，由于资源的错位配置，导致我国 1998~2013 年全要素生产率平均下降 42.7%。尽管我国已经进入中等偏上收入国家的行列，但不容置疑的事实是：在整体经济增长的同时，区域发展的不平衡成了制约我国经济增长的主要矛盾（安虎森、李俊，2018）。以收入分配为例，2023 年国家统计局的数据显示，居民收入的基尼系数为 0.47。从更微观的调查数据入手，一些学者得出的居民收入基尼系数更高，2012 年曾达到 0.61（甘犁、尹志超等，2012）。无论是官方数据还是学者的研究，都显示着这种区域经济不平衡发展的客观存在。

选取改革开放后两年即 1981 年作为考察的起点，考虑到我国东、西部经济发展的差距，为了达到"把东部沿海地区的剩余经济发展能力，用以提高西部地区的经济和社会发展水平、巩固国防"的目的，国家在 1999 年正式实施了"西部大开发"战略，同时结合着 2001 年中国正式加入 WTO 这个时间节点，我们选取每 10 年作为一个跨度，并参照 2021 年的经济数据，来阐明这种区域经济发展不平衡所形成的经济差距。从表 4.2 可以看出，改革开放初期我国不同地区的人均 GDP 差距并不是很大，1981 年最高的为东北地区人均 GDP 约为 697.5 元，西部地区最低也达到 310.7 元；但是到了 2021 年，人均 GDP 最高的为东部地区，达到 104964.5 元，最低的为东北地区，约人均 56548.2 元。按照当年的可比价格进行差额分析，1981 年最富裕的东北地区与最贫穷的西部地区人均 GDP 的差额仅有 386.8 元；到了 2021 年，最富裕的东部地区与最贫穷的东北地区，这一差额达到 48416.3 元。

表4.2		1981～2021年分地区人均GDP			单位：元
地区	1981年	1991年	2001年	2011年	2021年
东北地区	697.5	2467.6	9857.5	41380	56548.2
西部地区	310.7	1210.8	5234.9	26672.4	62827.2
中部地区	386.5	1332.4	5763.4	29190	68493.2
东部地区	615.2	2550.7	13400	58595.5	104964.5

资料来源：国家统计局。

　　巨大的地区人均GDP差异，势必会引起非农劳动力的理性转移；再加上现实情况下我国不同区域间较为明显的基础设施等差异，非农劳动力的跨区域流动更是不可避免。刘怀廉（2004）在探究我国农村劳动力转移的系列文章中，发现自改革开放以来，我国农村劳动力的非农转移与大规模的跨区域流动之趋势，不可逆转。再以分地区GDP所占份额进行说明，从表4.3可知，我国东部沿海地区的区位优势和原有的发展基础，使得东部地区更适应于区域不均衡战略的实施，在改革开放的过程中，各类生产要素逐渐向东部地区聚集，推动了东部地区的经济发展。东部地区GDP所占份额由1981年的44%逐渐增加到峰值时期2011年的53.9%，之后这一比例一直在50%以上，占据了我国经济的半壁江山。而东北地区的GDP份额一直在缩减，由1981年的13.1%下降到2021年的4.9%；也从另一个角度说明了，改革开放以后我国经济活动重心的转移以及东北地区当下经济的困局。西部地区的GDP份额从时间概念上存在一个转折点，在2001年以前GDP所占份额逐年下降，由1981年的20.2%下降到2001年的17.4%；在国家实施"西部大开发"战略以后，其GDP份额逐年增加，到2021年这一份额达到了21.1%，这也充分说明了"西部大开发"战略在推进西部发展的过程中起到了至关重要的作用。而中部地区，GDP份额几乎都维持在20%左右，相较于东北老工业基地的落后、西部地区的大发展以及东部地区的持续进步，中部地区似乎停滞不前，存在"塌陷"的危险。

表 4.3 1981～2021 年分地区 GDP 所占份额 单位:%

地区	1981 年	1991 年	2001 年	2011 年	2021 年
东北地区	13.1	11.7	9.7	8.7	4.9
西部地区	20.2	20.4	17.4	19.3	21.1
中部地区	22.7	20.7	19	20.2	22.0
东部地区	44.0	47.2	53.9	51.8	52.1

资料来源:国家统计局。

纵观我国的经济地理版图,东、中、西、东北地区间的经济发展水平以及不同区域内部之间的经济发展水平,依旧存在较大的发展差距。正是由于这种空间上经济发展差距,以追求更高的收入水平、更优的生活质量和更好的发展前景,每年有数以亿计的劳动力流动人口(石智雷、周小强,2024)。

不仅是区域间存在较大的经济发展差距,由于我国存在特殊的"二元经济"结构,广大的城市与农村之间也存在较为明显的经济发展差距。李实(2008)的研究指出,从 1990 年以来,17 年间我国城乡居民之间的绝对收入差额上升了近 12 倍。城乡二元结构是指以现代化工业为主的城市经济与以破碎化经营为主的农村经济并存的经济结构。根据刘易斯的"二元经济结构理论",经济系统中存在着较为落后的"部门"和较为发达的"现代(工业)部门"。后者的劳动生产率明显地高于前者,正是这种差别导致了劳动力逐渐由生产率低的"传统(农业)"部门流向生产率高的"现代(工业)部门",直到两部门的劳动生产率趋于相等,经济系统完成工业化发展过程。在这个过程中,一直存在着"现代(工业)部门"与"传统(农业)部门"之间的差异。1958 年以来,我国以户籍制度为代表的一系列相关规章制度,限制了人口的自由流动,尤其是限制农村人口向城市人口的流动;此外,还存在着各种不利于资源有效流动的制度障碍,造成了区域间分割、部门间分割和城乡间分割,进而形成了二元经济结构,导致我国城乡之间较为明显的经济发展差距。如果我们以第一产业作为

"传统部门"、以第二和第三产业作为"现代部门"来考察改革开放之后户籍制度对二元经济结构的持续影响，则由图4.2可知：1978年以来，我国现代部门和传统部门的劳动生产率的比值呈现先上升后下降的倒"U"趋势，但仍然维持在较高的比值上。具体来说，1978~2003年，该比值一直处于缓慢上升的阶段，由1978年的12.17增加到2003年的25.4；2003年以后，该比值缓慢下降，但仍然处于20左右的高比值区域。这也从另一个角度说明，开始于2003年之后的大规模劳动力转移，对我国部门劳动生产率产生了重要的影响，同时影响了我国整体的经济发展。但仍要看到，我国部门间劳动生产率差异仍然很大，二元经济结构仍然在塑造着我国区域不平衡发展的经济地理格局；巨大的部门劳动生产率之间的差异，势必导致非农劳动力的转移，而且这一过程仍将持续很长一段时间。

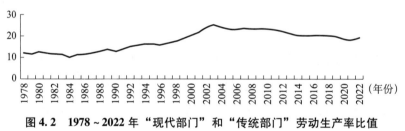

图4.2　1978~2022年"现代部门"和"传统部门"劳动生产率比值

资料来源：历年《中国统计年鉴》，具体数值由作者计算得到。

三、非农劳动力的流动与经济集聚的耦合

早在1991年，克鲁格曼（Krugman）在分析经济地理空间分布的现象时就明确指出：即使是初始禀赋相同的两个区域，由于偶然的因素，区域间劳动力的流动也会改变不同区域间市场规模的相对大小；由于交通运输成本等贸易成本的下降，再加上规模经济的存在，企业往往倾向于选择市场规模较大的地区进行选址，这就是新经济地理学中"本地市场规模效应"，也可以看作是企业间生产产品的"后向联

系";同时,市场规模较大的地区聚集了较多的企业,本地就存在较多种类的产品,本地的消费者就可以消费更多种类的产品而无须支付多余的运输成本,这样"本地市场的价格指数"就会下降,在同等收入水平情况下,本地消费者的实际收入就会提高,实际效用水平也会得到增加;也就是说,经济系统存在"本地市场价格指数效应",也可以看作是企业间生产产品的"前向联系"。由于本地消费者实际效用水平提高,本地消费者的福利水平就会得到改善,区域间存在着福利差距,将进一步引起区域间劳动力的流动。整个过程并不是相互独立,而是存在着劳动力流动与经济集聚的循环累积的因果关系。我国改革开放 40 多年的经济发展,在一定程度上可以看作是这种劳动力流动与经济集聚循环累积效应的一个"天然试验场",存在着这种非农劳动力与经济发展在东部沿海地区的聚集,而且这种效应短期内并不会发生实质性的扭转,区域间的经济收敛并不会很快实现。颜银根(2014)通过扩展的经济地理学模型,验证了我国劳动力的流动对非农产业的聚集产生显著的正向促进作用。刘修岩等(2007)的研究也说明,我国制造业地理聚集的主要因素由市场潜能、人力资本、要素禀赋等条件决定。

七普数据显示,2020 年我国流动人口达 3.76 亿人,约占当年总人口的 26.6%,平均每 4 个人中至少有 1 人属于流动人口,一个"迁徙"中的中国是当下中国人口的基本国情(程梦瑶、段成荣,2021)。值得注意的是,《国家人口发展规划(2016 – 2030)》预计,在我国持续推进城镇化的过程中,2016~2030 年仍将有累积 2 亿多农村人口向城市转移。这就意味着,未来很长一段时期我国规模性的人口迁移流动仍然是一种常态。借鉴王金营、王晓伟(2021)的分析方法,可采用 CPE 指数试图来展现这种经济"耦合"关系,如图 4.3 所示。

总的来看,我国流动人口的空间分布与区域经济发展水平密切相关(张耀等,2024)。东部地区作为经济率先发展地区,区域经济优

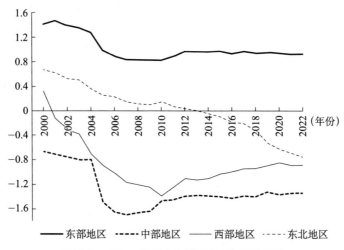

图 4.3　2000～2022 年四大经济区 CPE 指数

势明显，长期以来一直是流动人口的主要集中地。经济发展水平相对较低的中、西部地区，考察期内是流动人口的主要流出地，随着国家区域发展战略的有效实施，流动人口集聚与区域经济发展之间的一致性水平持续提高。东北地区呈现了人口持续流出与区域经济发展规模占比持续减少的特征，尤其是 2013 年以来，区域流动人口由流入地转为流动人口流出地，这一转变以流动人口集聚低于经济集聚为主要特征，区域经济增长放缓，人口吸引力势必减弱，必将引发人口外流。

　　尽管各区域的演化路径存在差异，但是其流动人口与经济发展一致性均呈现明显改善趋势。具体而言，东部地区 CPE 指数由 2000 年的 1.42 逐步改善为 2022 年的 0.92，这一变化反映了该地区经济集聚超越人口集聚的特征，表明东部地区在有效吸引流动人口聚集的同时，经济系统的人口承载力得到了有效释放和优化。中部地区的 CPE 指数由 2000 年的 -0.66 降至 2007 年的 -1.7，之后一直在稳步提升，虽然一直是流动人口的流出地，但是区域经济集聚对人口吸引的潜力逐渐释放，整体上流动人口与经济发展正逐步走向协调。西部地区在

2001 年以后，流动人口由净流入变为净流出，CPE 指数在 2010 年前后达到最小值 - 1.4，但是在国家西部大开发战略的持续发力下，区域经济活力有所激发，显示出经济集聚高于人口集聚的状态。东北地区的 CPE 指数一直呈现下降的趋势，到 2022 年达到最小值 - 0.75；这一趋势反映了该地区由于经济发展吸引力弱化和人口持续流出的现象。

为了更好地从量化指标的数据进行说明，我们分别以 GDP 分析的视角和人口分析的视角，通过量化指标来说明非农产业的集聚，从另一个角度来阐释这种经济活动在地理空间集聚现象。

借鉴梅文（Mei Wen，2004）通过消弭空间面积因素对非农产业集聚的测量可能存在高估的风险方法，我们有分区域的"集聚度"：$S_{i,t} = (I_{i,t}/I_t)/(area_i/area)$。其中，$I_{i,t}$ 和 I_t 分别表示 t 时期 i 区域和全国的非农产业的产值；$area_i$ 和 $area$ 分别表示 i 区域和全国的地理面积，可以得到图 4.4。

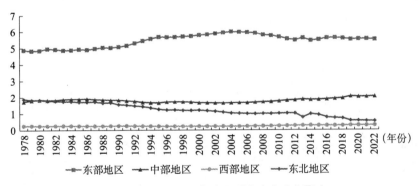

图 4.4　1978～2022 年分区域非农产业集聚度

由图 4.4 可知：我们选取改革开放后第三年（即 1981 年）作为非农产业"集聚度"分析的起点，最为明显的变化趋势当属东部地区和东北地区。东部地区的非农产业集聚度远远高于中、西和东北地区，而且一直在缓慢增加，最高值在 2005 年达到 5.98 左右，之后有所下降，这可能与"十一五"期间我国更加注重区域协调发展的战略实施相关，但是 2011 年之后又呈现缓慢增长的趋势。在所有区域几乎都保持集聚度不变或者缓慢增加的大背景下，东北地区的非农产业在全国的份额一直处于下降的趋势，集聚度越来越小，从 1981 年的 1.78 下降到 2022 年的 0.54；这也从另一个角度说明了"东北现象"确有其事，以东三省为代表的老工业基地在改革开放以后，逐渐失去其产业的领先优势。中部地区和西部地区，其非农产业的聚集度，几乎保持不变且都有小范围的提升。早在 1999 年，国家就开始实施了有针对性质的"西部大开发"战略，从西部地区非农产业聚集度的变化趋势也可以获悉，该战略在改善西部地区的经济发展起到了重要的作用，提升了西部地区非农产业的经济发展。从 2004 年温家宝总理提出"中部崛起"以来，中部地区的发展逐渐摆脱了"沦陷"的境地，经济发展得到了迅速的提升，非农产业的聚集度也体现出了缓慢增加的趋势。但是，总的来说，我国的非农产业仍然主要聚集在东部地区，区域与区域之间仍然存在较为明显的发展差距。我们也仅选取第二产业分区域的相对份额进行了比较说明，也验证了图 4.4 得到的结论（见表 4.4）。

表 4.4　　　　　　　　1981～2021 年分地区第二产业所占份额　　　　　单位：%

地区	地区面积占比	1981 年	1991 年	2001 年	2011 年	2021 年
东北地区	9.5	13.1	11.7	9.7	8.7	1.72
西部地区	71.5	20.2	20.4	17.4	19.3	8.14
中部地区	10.7	22.7	20.7	19.0	20.2	9.09
东部地区	8.2	44.0	47.2	53.9	51.8	20.34

资料来源：历年《中国统计年鉴》。

由于我国长期以来劳动密集型产业占据了经济发展的半壁江山，以上的经济活动的聚集我们是从 GDP 分析的视角进行说明，我们也可以从人口学的视角进行阐述，选择非农就业人数的聚集来说明这种经济活动的聚集现象。借鉴林理升等（2006）的方法，定义非农产业的"聚集度"为：

$$U_{i,t} = \left[\frac{L_{i,t}}{L_t} - \frac{P_{i,t}}{P_t}\right] \times 100$$

该指标剔除了区域人口存量对非农产业聚集度高估的影响。其中，$L_{i,t}$ 和 L_t 分别是 t 时刻 i 区域和全国的非农就业人数，$P_{i,t}$ 和 P_t 分别为 t 时刻 i 区域和全国的总人口规模。$U_{i,t}$ 的数值处于 [-100～100] 之间，其值为正且越大，表明该区域非农产业的集聚程度就越高；其值为负且越小，说明非农产业在该区域的分布较少，非农产业主要分布在其他地区；其值为0，意味着非农产业在该区域均匀布局。考虑到数据的可获得性，我们这里只有 2001～2005 年的数据可以进行量化分析，只能从很小的一个侧面论证前文的分析（见表4.5）。

表4.5　　　　　　　　2001～2005 年我国非农产业聚集度

地区	2001 年	2002 年	2003 年	2004 年	2005 年
东部地区	7.72	7.94	7.83	7.97	7.33
中部地区	-2.64	-2.76	-1.79	-1.84	-1.13
西部地区	-4.92	-4.89	-4.53	-4.41	-4.11
东北地区	-0.16	-0.31	-0.32	-1.69	-2.09

资料来源：历年《中国劳动统计年鉴》。

由表4.5可知，总的来说，2001～2005 年从经济地理空间的分布来看，我国的东部地区非农产业集聚度的数值为正，该地区一直处于非农产业的聚集地区；中部、西部和东北地区却恰恰相反，其数值为负，说明除东部地区以外，广大的中、西部以及东北地区一直处于非农产业的"移除"地区。除此之外，东北地区其非农产业聚集度以人口视角分析的数值一直为负，且越来越小，由 2001 年的 -0.16 下降到 2005 年的 -2.09，从另一个侧面也验证了东北老工业基地在市场经济的大环境之下，非农产业的经济发展越来越"沦陷"；中部地区和西部地区，虽然其值为负，但是有逐渐变大的趋势，说明了非农产业"逃离"中、西部地区的动力越来越弱，有区域非农产业集聚的趋势。虽然这只是 2001~2005 年的数据，但是其得到的评判标准和以 GDP 视角分析的同一时间段关于非农产业空间聚集的判定完全一致，印证了我们的判定：存在着非农劳动力的流动与经济聚集的耦合。

随着我国整体经济发展已经进入邓小平同志提出的"两个大局"的后半段，让先富裕起来的地区带动不富裕地区的发展，在注重经济效率的同时更加注重经济发展的公平；进入新时代，国家更加注重发展的质量，追求平衡发展；我国整体经济地理空间格局的演化也势必存在新时代新的特征。但是，这种非农劳动力的流动与经济活动的空间聚集，仍然在很长一段时间内是我国区域经济发展中比较明显的经济特征。

———— 第二节　劳动力需求旺盛 ————

一、我国经济快速发展，第三产业劳动力的需求旺盛

改革开放以来，我国在邓小平同志"两个大局"的战略指引下，通过区域非均衡战略的实施，充分尊重东部沿海地区发展历史与区位优势的背景下，积极参与全球竞争。在很长一段时间内，有效利用我国廉价劳动力资源的比较成本优势，发展劳动密集型加工产业，并适时根据国内外市场环境，进行经济结构调整。经过 40 多年的改革开放，我国经济取得了快速的发展。当下，我国已经是世界第二大经济体，稳步进入世界中等富裕国家的行列；从 2013 年开始，我国的进出口贸易总额已经超过美国，成为世界第一大贸易国；2023 年，我国的 GDP 更是高达 126 万亿元人民币。我们以 1978 年的价格作为基期，考察改革开放以来的 GDP 增速，如图 4.5 所示。

总的来说，我国的 GDP 增速维持在一个较高的水平上。以实际

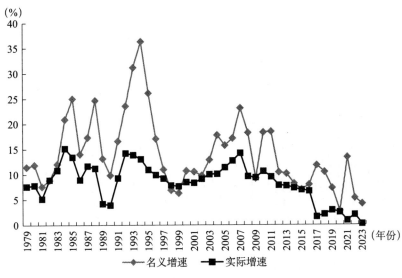

图 4.5 1979～2023 年 GDP 增速

资料来源：历年《中国统计年鉴》。

增速来说，即使包括 1990 年 3.91% 较低的增长水平，1978 年以来我国的 GDP 年均增长速度在 9.87%。若从名义增速的角度来看，1978年以来的年均增速更高，达到 15.6%。从图 4.5 中还可以看出，两次金融危机（1997 年和 2008 年）对我国外向型经济的影响还是比较显著的。1997 年亚洲金融危机之后，经过 5 年左右的时间，我国的 GDP增速（较上一年相比）才重新回归到 10% 以上的水平上；2008 年美国次贷危机之后，我国仅有 2010 年当年的 GDP 增速维持在 10% 左右，其他年份增长速度均在缓慢下降，我们经济逐渐进入"新常态"。但是，40 多年的经济快速发展，我国成为仅次于美国的第二大经济体，再加上我们有 14 亿多的人口规模，我国仍然保持着较为健康的经济增长，并有效促进了世界经济的进步。随着我国经济的快速增长，带动了我国产业结构的变化，如图 4.6 所示。

由图 4.6 可知，1978 年以来我国的产业构成（产值视角）逐渐由"二一三"的模式转变为"三二一"的产业结构。具体来说，改

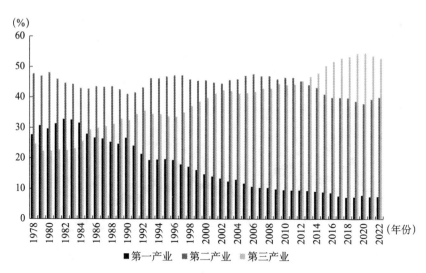

图4.6 1978～2022年我国三产的产值占比变化

资料来源：历年《中国统计年鉴》。

革开放以来第一产业产值占比由 1978 年的 27.69% 逐渐下降到 2022 年的 7.3%，第二产业产值占比维持在 40%～50% 之间波动，保持了相当的稳定性，但是自 2016 年以来，一直维持在 40% 以下，2022 年这一比例降至 39.92%。变化最大的为第三产业产值在 GDP 的占比，总的来说，第三产业一直处于发展的态势。1978 年，第三产业产值约为 905.1 亿元，约占当年 GDP 比值的 24.6%；到了 2022 年，第三产业的产值约为 638697.6 亿元，占当年 GDP 的 52.78%。值得一提的是，2012 年以前，第二产业产值占比仍然高于其他两个产业产值占比；2013 年以后，第三产业产值占比才超过了第二产业，并保持了继续增加的态势。与此息息相关的是我国三产的从业人员的结构变化。

在经济发展的过程中，相比较来说，第一产业在经济发展中的作用越来越小，也逐渐释放该部门多余的劳动生产力，这一规律尤其随着农业劳动生产率的提高而加速显现。邵文波、盛丹（2017）指出，由于第二产业对劳动力的吸纳能力有限，随着科技的进步，第二产业尤其是制造业部门，其吸纳就业能力的弹性系数有越来越小的趋势。

经济的良性快速发展，就必须有第三产业的进步以及对大量就业的吸纳，这从我国从业人员的产业结构占比的变化规律上可以看出，如图4.7 所示。

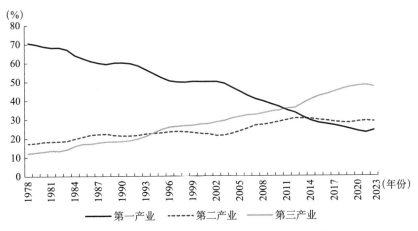

图 4.7 1978～2023 年我国三产的从业人员占比

资料来源：历年《中国统计年鉴》。

由图 4.7 可知，第一产业的从业人员占比一直处于下降的趋势，第二产业从业人员占比缓慢增加，近年来有略微下降的趋势，而第三产业从业人员占比一直处于增加的趋势。具体来说：改革开放初期，我国仍然是农业经济比较明显的国家，1978 年第一产业从业人员占总从业人员的比例达 70.53%，随着之后经济的快速发展，我国第一产业从业人员的占比一直处于下降的趋势，到 2022 年这一比例约为24%，再加上我国新一轮农村改革关于对农村土地流转与多样化规模经营的实施，有理由推测，我国第一产业从业人员的占比仍将会保持一定时间内的下降趋势。第二产业从业人员占比由 1978 年的 17.3%上升到 2012 年的 30.3%，之后略微下降，到 2022 年保持在 28.8% 的水平上；这也正好对应了前面产值视角的第二产业产值占比 2012 年之后的变化情况。第三产业是我国发展较快而且吸纳劳动力最多的产业，其从业人员占比由 1978 年的 12.17% 增加到 2022 年的 47.1%，从业人员的比例增长了近3.9倍，考虑到我国庞大的人口基数，这一数值也体现了我国经济发展过程中的"巨变"。我们以《2023年农民工监测调查报告》中的数据进行说明，2023年我国共有农民工29753万人，其中有53.8%的农民工从事第三产业的经济活动，也就是有近1.6亿的农民工在从事着批发零售、住宿餐饮等相关的工作。这也从宏观数据的探究上，呼应了学者关于第三产业是我国劳动力市场中需求最为旺盛的产业的判定（顾国爱、田大洲等，2012）。

二、"三驾马车"，拉动经济快速增长

改革开放40多年的经济发展经验告诉我们，我国对内进行有效改革、对外保持开放，是我国经济仍然保持强劲动力的根本原因。经过不懈的努力，当下我国已经进入中等收入国家的行列。经济的进步，带来了人均收入水平的提高；随着人均收入水平的提高，居民的人均消费也跟着提升，有效地促进了我国的经济良性发展，如图4.8所示。

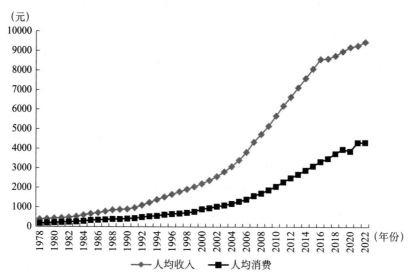

图4.8　1978～2022年人均收入与人均消费（以1978年为基期）

资料来源：历年《中国统计年鉴》。

可以看出，1978 年以来我国逐渐走出了经济落后的局面，由过去谋求"生存"过渡到追求"增长"。人均收入水平与消费水平的提高，是经济发展的重要指标。1978 年，我国的人均收入为 382.17 元，人均消费 184 元；以不变价格计算，到了 2022 年，人均收入达到 9476.5 元，约是改革开放初期的 24.8 倍；同期人均消费水平也得到了快速提升，2022 年我国的人均消费水平已经跃升到 4338.9 元。由于我国庞大的人口基数，在这 44 年里人口由 1978 年的 96259 万人增加到 2022 年的 141175 万人。在人口增加了近 4.5 亿人的情况下，人均收入与人均消费仍然能够取得如此的进步，如果没有快速的经济增长，这是无法得以实现的。同时，全社会的消费品总额也保持着快速的增长态势，到 2022 年，全社会消费品总额达到 332316 亿元。如果没有全社会的消费带动，经济的快速增长也是无根之木。这种良性的相互促进，拉动了整体经济的进步。

对外贸易能够迅速提升一国的经济水平和国民福利，一国对外开放水平的大小，在一定程度上可以参考该国的对外贸易依存度的变化。经济全球化促进了世界各国之间的贸易关系，提升了参与国的对外贸易依存度，尤其是发展中国家在参与国际竞争的过程中，对外贸易依存度提高得更为明显。"中国的发展，离不开世界"。对外开放，使我国融入经济全球化浪潮。积极参与国际竞争，在充分发挥我国的比较优势的过程中，我国取得了令世人瞩目的经济成就。佟家栋（2005）通过研究发现：我国 GDP 每增加 10%，约有 2.5% 的贡献来源于经济体的对外贸易。我们通过考察我国的对外贸易依存度[①]，试图说明对外贸易在促进我国经济增长中的重要作用。

从中国贸易依存度与世界贸易依存度的对比关系中可以发现：

----

① 为了数据之间的对比性，这里我们采用商品的出口和进口的总额占当期 GDP 的比重，来表示对外贸易依存度。

1978 年以来，我国的贸易依存度大约经历了四个变化时期。第一阶段，1978~1990 年，我国的贸易自由度低于世界水平的时期。党的十一届三中全会之后，我国确定了以经济建设为中心的经济发展战略，在区域经济发展政策上，开始逐渐偏向东部沿海地区；对内积极进行经济结构的调整与改革，对外开始了开放国门积极引进外资进行对外贸易。该阶段也是我国对外贸易依存度提升较为"迅猛"的时期，由1978 年的 9.65% 增加到 1990 年的 29.46%，12 年间年均增长1.65%。第二阶段，1991~2000 年，我国的对外贸易依存度波动式向上增长，而且与同时期世界贸易依存度几乎持平的阶段。该阶段，我国积极地引进了市场经济体制，深入地探讨了社会主义体制与市场经济的有效结合，党的十四大确定了我国建立社会主义市场经济体制的伟大目标与实践。在积极引进外在发展国内经济的历程中，该阶段是我国进行对外开放方式调整并适应的过程。在充分利用我国劳动力比较成本优势的情况下，大力发展加工贸易，在 1994 年前后，我国的对外贸易中加工贸易的进出口总额第一次超过一般贸易进出口总额。该阶段也是我国积极申请加入世界贸易组织（WTO）的时期，2001年我国正式成为该组织成员国。第三阶段，2001~2010 年，我国的对外贸易依存度高于世界对外贸易依存度的时期。这也是我国经济发展突飞猛进的时期。加入 WTO 以后，我国进一步扩大了对外开放的领域。2009 年，中国的出口总额占世界出口总额的比例达到世界第一位；2010 年，中国整体的经济总量超过日本，成为世界第二大经济体。该阶段，我国的贸易依存度波动式地上升然后下降，对外贸易依存度一度达到我国外贸依存度的最大值，由 2001 年的 38.05% 上升到2006 年的 64.24%，接着下降到 2010 年的 48.84%。第四阶段，2011年至今，我国的贸易依存度低于世界水平的时期。长期以来，我国的劳动密集型加工产业大约占到了我国对外经济的半壁江山。在该阶段之前，我国的贸易依存度不仅高于世界水平，而且在较高比例的位置。这就意味着，我国的经济更容易受到世界经济的波动影响。2008年爆发于美国的次贷危机席卷了全球经济。对我国也是较为沉重的打击。东部沿海地区几乎所有的外向型加工贸易企业都受到此次金融危机的制约。我国严重依赖于加工贸易的对外贸易模式，受到了极大的挑战。之后，我国进一步优化对外开放的贸易结构，尤其是提高高附加值的产业，努力提升国家产业发展在世界产业价值链中的水平。在一定程度上，导致了我国当下贸易依存度的下降并低于世界贸易依存度，如图4.9所示。

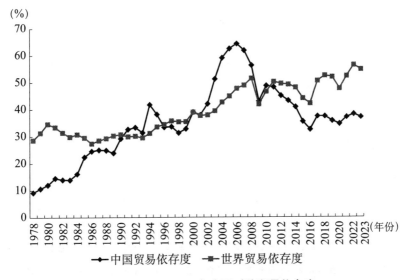

图4.9 1978～2023年中国对外贸易依存度

资料来源：历年《国际统计年鉴》，世界的数据来源于世界银行《2023年世界发展指标数据库》。

为了说明贸易依存度在我国经济发展中的变化历程与重要作用，我们选取了中国与日本、美国1978年以来货物和服务出口占比，进行对比分析。

总的来说，以日本和美国为代表的主要发达国家，其货物和服务出口占GDP的比重一直以来维持在较为稳定的范围内小幅波动，一直处于 5% ~ 20% 之间；而中国的货物和服务出口占比经历了波动式增长再波动式下降的过程，从 2000 年至今，该比例一直维持在 20% 左右波动。具体到我国的占比情况：1978 ~ 2006 年，该比例波动式上涨，2007 年以后，波动式下降；具体表现在：从 1978 年的 4.56% 增加到 2006 年的 37.18%；2007 年开始，该比例波动式下降直到 2023 年的 19.64%。在下降的这一阶段，我们也能看到 2008 年开始的次贷危机对中国货物和服务出口的影响，最明显的是该比例 2008 年在 32.02% 左右，到 2009 年"下跌"到 24.36%，如图 4.10 所示。

图 4.10　1978 ~ 2022 年中国、日本和美国货物与服务出口占比

资料来源：历年《国际统计年鉴》，世界的数据来源于世界银行《2023 年世界发展指标数据库》。

　　整体来看，相较于以日本、美国为代表的发达经济体，我国的贸易依存度维持在较高的水平上，在一定程度上可以看出我国开放程度处于较高的水平。然而，还应该看到我国经济整体容易受到外来经济的影响，虽然近几年贸易依存度有所下降，但是该比例仍然处于较高的比例，因而学界也有部分学者担心我国的经济对外的依赖性较强，不利于经济的健康发展。尽管如此，我们应该清楚发展中国家在依据本国的动态比较优势，以出口为导向的工业化发展道路上，贸易依存度都经历了一个较高的进而下降的过程，我国也恰恰在经历这一趋势规律。同时，发达国家已经进行了几百年的工业化发展过程，其经济发展结构已经处于不断调整以及适应之后，再加上其本身具有庞大的经济体基础，单纯地以贸易量上的对比，并不比我国的总量有较大差距。而且，我国的对外贸易结构中加工贸易一直占有非常大的比例，虽然这些年也在经济结构与对外贸易结构调整与升级的过程中，逐渐回归到一个越来越理性的水平，但是加工贸易在总贸易中的比例仍然在20%以上，如图 4.11 所示。

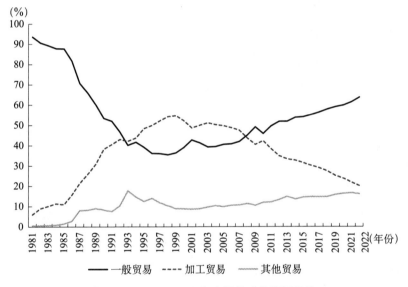

图 4.11　1981~2022 年中国的对外贸易结构

资料来源：历年《中国统计年鉴》。

投资与出口历来是影响我国经济增长的重要因素，尤其是与经济增长密切相关的变量——固定资产投资。我们以固定资产投资额占当期 GDP 的比值以及 FDI 在固定资产投资中的比值，结合前面消费、出口以及 GDP 的快速增长，进行说明国内与国外投资在我国经济发展过程中变化趋势。

由图 4.12 可知，固定资产投资额占 GDP 的比值一直处于波动式增加而略有下降的趋势，而 FDI 占固定资产投资的比值则呈倒"U"的变化趋势。具体表现在，我国经济快速增长的背后，固定资产的投资规模也越来越大，1983 年固定资产投资额约为 1430 亿元，到 2022 年，这一数额达到 542366 亿元，如果以 1978 年为基期价格进行比较，这一数额在 39 年间增长了 24.3 倍；同期，我国的 GDP 也由 1983 年的 5418.7 亿元增加到 2022 年的 134052 亿元（按可比价进行的计算）。从投资额占 GDP 的比值来看，1983 年固定资产投资额约占当年 GDP 的 23.75%，到了 2015 年，这一比例创了历史新高，达到 81.56%。在利用外资方面，我国经历了一个逐渐较为依赖外资到资本逐渐自足并富裕的阶段，也就是从"走进来"到"走出去"的一个发展过程。这一变化趋势，也得益于我国是一个高储蓄率的国家。须知的是 FDI 在我国的规模，在绝对数上一直属于规模不断扩大的趋势，由 1983 年的 6.36 亿美元，逐渐增加到 2022 年的 1891.3 亿美元，如果按照当期的汇率进行核算并以 1980 年的价格为基期进行考察，FDI 在我国的规模也由 1983 年的 12.5 亿元增加到 2022 年的 12721.1 亿元，年均增加 325.9 亿元。随着我国经济规模越来越大，固定资产投资额也逐渐创造历史新高，FDI 在固定资产投资中的比例经历了先增后降的过程，也从另一个方面说明了我国在逐渐优化自己的投资结构。

消费、出口与投资是我国经济得以快速增长的动力源泉，随着我国经济进入新常态，我们更加注意经济增长的质量。在推进新一轮经济增长过程中，通过转变发展方式、优化经济结构、转换增长动力，以供给侧结构性改革为主线，深入进行供给侧结构性改革，建设科技创新、现代金融、人力资本协同发展的产业体系，构建市场机制有效、微观主体有活力、宏观调控有度的经济体制；同时，全面深化改革，以制度创新与制度完善为主线，不断纠正不合理的制度安排，以体制机制保障发展主体的权利，营造良好的制度环境，促进经济更加

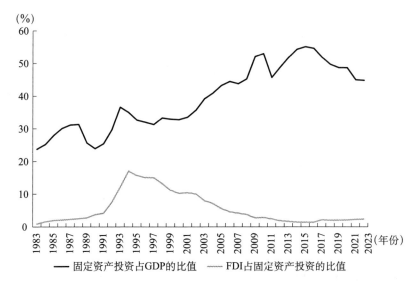

图 4.12 1983～2023 年固定资产投资额占比以及 FDI 在固定资产投资中的占比

平衡更加充分地发展。

三、平均受教育年限增加，劳动力异质性特征显现

人力资本在经济发展中的重要作用早已是不言而喻的结论，而通过教育进行的人力资本积累，对一国或地区的经济发展更是至关重要。当今世界，各国都努力将教育发展与人力资本开发作为提升国际竞争力和增加国家综合实力的首选战略，作为其经济可持续发展的重要支撑系统。[①] 一般来说，随着经济社会发展水平的提高，一个国家或地区其教育经费投资的绝对数额以及教育经费投资占 GDP 的比例也逐渐提高，纵观我国 1990 年以来的财政性教育经费支出，也可以论证该结论。

我国有非常悠久的重视教育的传统，同时我国也是人口大国，通过教育可促进人力资本的积累，将我国由人口大国向人力资本大国再

[①] "中国教育与人力资源问题"课题组. 从人口大国迈向人力资源强国——中国教育与人力资源问题报告 [J]. 教育发展研究，2003，23（3）：22－26.

向人力资本强国转变，实现人力资本赶超，提升整体经济的发展水平。总的来说，1990 年以来，我国财政性教育经费支出一直处于增加的趋势。1990 年，财政性教育经费支出约为 567.5 亿元，到 2022 年增加到 48472.9 亿元，年均增长 1497.1 亿元。陈良焜等（1986）通过比较人口超过 1000 万的主要市场经济国家的教育投资与人均 GDP 之间的关系得出：为了保证我国有不低于国际平均水平下限的教育投资，我国的教育经费占当期 GDP 的比例不能低于 4.06%。如果按照 1980 年的美元价格考察的国民收入为基期，早在 1990 年我国人均 GDP 已经达到了 812.6 美元，而实际情况是，1990 年我国的教育经费仅占当年 GDP 总额的 3.01%；之后很长一段时间，该比值一直在 3% 以下震荡，直到 2007 年达到 3.06%，如图 4.13 所示。

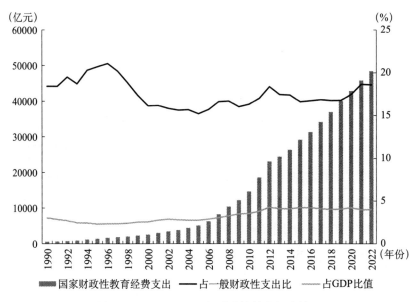

图 4.13　1990~2022 年财政性教育投资情况

资料来源：历年《中国统计年鉴》。

为了更明晰地彰显教育投资在国民经济发展中的重要性，早在 2010 年国务院审议并通过了《国家中长期教育改革和发展纲要

（2010－2020）》，文件明确提出并要求"到2012年财政性教育经费支出占GDP比例达到4%"的目标。2011年6月又下发了《国务院关于进一步加大财政教育投入的意见》，充分强调了教育财政投入在经济发展中的紧迫性与重要性。由图4.13可知，我国财政性教育经费占GDP的比值，在2012年达到了4.28%，之后一直在4%以上水平小范围震荡。而国家财政性教育经费占一般财政性支出的比例，一直在15%以上，比例最高时，达到1996年的21.06%。周亚、李克强（2006）指出，教育投资可以改变人力资本的组成结构，尤其是提高高级劳动力者的占有比例，进而促进经济增长。

教育投资的持续与增加，提升了整体的国民素质，改变了我国的从业人员的教育结构，同时也"加剧"了劳动者的技能分化。借鉴罗勇等（2013）关于"同质性人力资本"和"异质性人力资本"的定义，考察我国从业人员的技能分化。基于数据的可获得性，我们这里选取大学本科及以上学历的从业人口变化，进行阐释说明我国劳动力异质性特征的提高。

总的来说，全国平均水平来看，本科及以上学历从业人员占总从业人员的比例都在波动式增加。分区域看，该比例的变化趋势大致与全国平均水平的变化趋势相同，其中，中部地区和西部地区几乎保持同样的变化趋势，呈"W"型缓慢向上增长；变化最为明显的是东部地区，考察期内该比例数额增长的幅度最大，整个增长趋势如倒置的"S"型，2001年该比例约为1.7%，2011年增加至7.3%，之后是波动式上升，这一比例在峰值时是2019年的16.2，可见，东部地区这些年在产业结构的调整中，逐渐增加了对劳动者知识水平的整体要求；而东北地区的从业人员本科及以上学历的占比波动较大，但是一直处于增长的态势，这可能由于大量的普通劳动力转移，致使其整个劳动力基数减少进而使得"高技能"劳动力占比增加。相较而言，从全国层面来看，大专及以下学历从业人员的占比正在逐年下降；七普数据显示，我国拥有大学（大专及以上）文化程度的人口约有 2.2 亿人，约占总人口的 15.6%。从另一个角度说，随着我国经济社会的发展，劳动者基本从业素质的提高带来了劳动者异质性特征的增加，如图 4.14 所示。

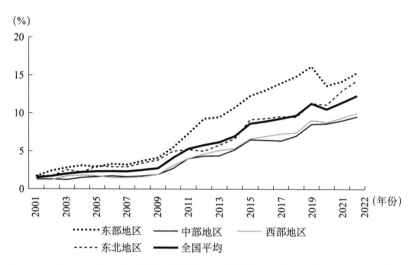

图 4.14　2001～2022 年分区域本科及以上学历从业人员占区域总从业人员比例
资料来源：历年《中国劳动统计年鉴》。

为了充分说明，从业人员受教育程度普遍提高的同时，不同区域内部劳动者的教育水平也呈现"分化"的特征，我们选取变化较为明显的东部地区，考察东部地区内部区域从业人员本科及以上学历的变化情况进行说明，如图 4.15 所示。

由图 4.15 可知，东部地区其从业人员中本科及以上学历人员占比整体呈波动式增加的趋势。2011 年，这一比例占东部地区总从业人员的 1.7%，约为 7.3%；到 2021 年，从业人员本科及以上学历区域占比约增加了 4.3 倍。同时可以发现，东部地区本科及以上学历从业人员占全国从业人员的比例也呈增加的趋势，2011 年这一比例约为 0.6%，到了 2021 年约为 2.8%。

随着经济社会的发展进步，我国增加了教育投资在一般财政性财

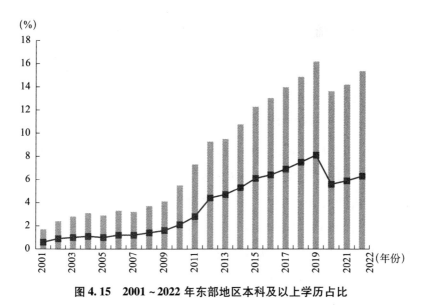

图 4.15　2001～2022 年东部地区本科及以上学历占比

资料来源：历年《中国劳动统计年鉴》。

政支出中的绝对额度，整体提升了国民的劳动素质。随着经济进入新常态，我国加强了各区域的产业结构调整力度，劳动力之间的不同教育水平的比例变化，从某个角度来说，势必将促进劳动力技能的"分化"。我国劳动力之间的异质性，也越来越成为经济发展中比较重要的经济力量，影响着我国整体经济的发展（李志远、吴磊，2025）。

—— **第三节　转移成本下降，助力劳动力流动** ——

随着经济社会发展的进步与需要，劳动力流动的成本在不同的发展时期与阶段，总的来说呈逐渐下降的趋势。本小节主要围绕劳动转移的制度成本和交通成本两个方面，试图说明我国在推进经济社会进步的同时，适时根据经济社会发展需要，调整不适应于劳动力转移的制度安排，并进行大范围的基础设施投资建设，以降低劳动力转移的交通成本。

一、人口流动管制逐渐放松——制度层面

与我国人口流动最为密切的当属户籍制度以及由此产生的一系列相关政策法规，致使很长一段时间，我国人口的流动成本极为高昂，人们被限定在小空间范围内进行经济生产活动。特雷弗·汤贝和朱晓东（Trever Tombe and Xiaodong Zhu，2019）通过估计得出：在省域内，流动人口由农村到城市的转移成本，约占平均收入的51%；在省域之间，流动人口由农村到农村或者是由城市到城市，其转移成本约占平均收入的94%；而当流动人口由农村跨省域地转移到其他城市，其转移成本更是高达平均收入的98%。具体从时间上看，我国有大范围的离开户籍所在地的人口流动，起始于2003年；在此之前，很少有跨省域的人口流动，更多的是在当地的乡镇企业进行非农业生产活动。户籍制度最基本的职能在于人口登记与个人身份证明管理，然而在我国的特殊发展阶段，其更多地被赋予了社会职能，使得中国社会具有独特的二元经济结构特征（于潇、陈世坤，2019；张同斌、王蕾，2024）。而且这种二元经济结构，将在很长一段时间影响我国的经济增长步伐（傅晗彧、王晓彤等，2022）。纵观人口流动的发展历程，我国大致经历了完全自由流动的时期、禁止自由流动的时期以及流动管制逐渐放松时期。

新中国成立以后，我国用了三年左右的时间恢复了国民经济生产，为了更快地实现经济社会的进步，我国仿照苏联的社会发展经验，采取了计划经济体制发展国民经济。第一个五年计划于1954~1957年顺利完成，并构建了较为完善的计划经济框架。在这段时期，我国初步进行了城市和农村的人口普查、登记工作，并于1956年建立了由公安部统一进行的全国人口资料统计与户籍管理业务的行政制度，"户警一体"的户籍制度管理模式正式建立。然而，在1949~1957年，人口流动却几乎不受限制，不存在由于人口的跨区域变化而

产生的大量制度成本等问题，这一时期也是我国人口完全自由流动的时期。

随着重工业优先发展战略的实施，在 1958～1978 年短短 20 年间，我国逐渐建立了以户籍制度为代表的一系列规章制度以限制人口的自由流动，尤其是限制农村人口向城市人口的流动。这与我国特殊的经济发展背景有关，由于不能像早期的发达经济体那样通过对外扩张积累资本，考虑到我国农业人口占绝大多数的客观事实，只能向内通过牺牲农业发展工业，具体在实际操作中以"工农剪刀差"的制度安排，解决原始资本匮乏的问题，用以快速发展资本密集型重工业。除了国家战略安排的需要，人口的大范围流动均被限制；同时，相较于轻工业，资本密集型的重工业对劳动力的吸纳能力有限；再加上经济建设初期，整体的工业体量以及城市规模较小，城市吸纳人口就业的规模也有限。只能通过较为严格的制度安排，限制农村人口的流动，才能有效地实施重工业优先发展的战略，该阶段也是我国人口禁止自由流动的时期。

以 1958 年颁布并实施的《中华人民共和国户口登记条例》为标志，我国正式开始了人口流动的管控时期。在该条例中，凭证落户制度与户口迁移审批制度这两项基本制度安排，首次以法律条文的安排明确要求：在没有迁移准入证明的情况下，农村人口禁止迁往城镇落户。从此，城乡有别的户籍制度安排，在制度上限制了我国人口的自由迁移与劳动力的理性流动。在以后的经济发展历程中，为了更好地组织经济社会发展调控，公安部数次出台了相关的政策法规，加强了对人口的流动管控，同时修改了人口的统计标准。1962 年颁布的《关于加强户口管理工作的意见》，进一步强调了要严格限制农村人口往城市迁移，尤其是向北京、上海、广州等大城市的迁移。1963 年，公安部以是否消费国家计划的商品粮为统计标准，将总人口划分为"农业户口"和"非农业户口"，其中后者特指消费商品粮的城镇居民。1977 年，公安部又一次发布了《关于处理户口迁移的规定》，原则要求"从农村迁往市、镇（含矿区、林区等），由农业人口转为非农业人口，以及从其他城市迁往北京、天津、上海三市的要严格控制。从一般农村迁往市郊、镇郊农村或国营农场、蔬菜队、经济作物区的，应适当控制"。至此，农村与城市之间、城市与城市之间人口的自由迁移与流动，被完全阻遏（姚秀兰，2004）。

一国由于地理位置、资源禀赋和经济发展历史的不同，存在经济发展水平和生产力上的不平衡，总是在生产力水平和经济发展状态存在差异。为了提高整体经济的发展阶段，应该充分尊重经济发展的客观规律，首先应将发展重点投入在经济发展水平较高梯度的地区，然后利用高梯度地区的经济扩散效应，逐步带动低梯度地区的经济发展，最终实现整个空间范围内的区域均衡发展。以邓小平同志为核心的党中央，科学论证当时我国生产力与生产关系之间的关系，作出了优先发展经济特区以及沿海开放城市，让一部分地区先富起来，再由先富裕起来的地区带动不富裕地区的"两个大局"的区域发展战略构想。逐渐使我国的经济发展，由过去谋求"生存"过渡到追求"发展"。在这一过程中，贯穿始终的是我国适时调整各种资源的有效配置，尤其是劳动生产力的释放。

以 1978 年改革开放为起点，我国人口的流动管制进入了逐渐放松的时期。这一阶段，又可以按照两个时间点[①]（1992 年和 2001 年）来作进一步的细分，探究在整个经济时代大背景之下，人员得以流动的宏观概况：1978～1992 年，社会主义计划经济体制逐渐退出资源配置主体作用的时期；1992～2001 年，社会主义计划经济体制向社会主义市场经济体制转型的时期；2001 年至今，社会主义市场经济体制已

---

① 1992 年党的十四大正式作出了"我国经济体制改革的目标是建立社会主义市场经济体制"，2001 年我国正式加入世界贸易组织。

建立，市场在资源配置中起主要作用、计划为辅的时期。

我国的经济改革率先在农村地区取得了实质性的进展，以 1978 年安徽凤阳小岗村 18 位农民"包产到户"的私下契约为标志，到 1983 年中央下达文件正式肯定了包产到户性质的"家庭联产承包责任制"在农业生产中的重要作用。该阶段，在全国范围内推行了"家庭联产承包责任制"，打破了人民公社体制对劳动力的束缚，释放了农民生产的积极性。据统计，1978～1983 年，我国粮食总产量增加了近 4000 亿斤（龚建文，2008）。紧接着，又进行农产品流通体制改革，并废除了人民公社体制，到 1991 年，党的十三届八中全会正式通过了《中共中央关于进一步加强农业和农村工作的决定》，将家庭联产承包责任制和统分结合的双层经营体制作为我国乡村集体经济组织的基本经济制度。这一基本经济制度的确立，进一步释放了农村剩余劳动力，让人口的流动存在了自然的可能，也为我国乡镇经济的崛起提供了丰富的劳动力资源，虽然此时劳动力的户籍并未发生改变。

1978 年，公安部等部门联合下发了《关于解决部分专业技术干部的农村家属迁往城镇由国家供应粮食问题规定》，打破了农村户籍人口进入城市（镇）的指标限制，虽然是只有特殊技术贡献的条件限制，但是该规定意味着长达 20 年的人口禁止流动的硬性约束得到了放松。1984 年，国务院颁发了《国务院关于农民进入集镇落户问题的通知》，允许农民"自理口粮落户集镇"的原则规定，更是为农村剩余劳动力进入城镇提供了政策支撑，农民可以在满足一定条件下迁往小城镇得以落户，真正意义上突破了近 20 年的城乡人口流动的"封锁线"，也标志着我国的户籍制度改革由指标控制阶段进入到准入条件控制阶段。张英红、雷晨辉（2002）研究发现，从《国务院关于农民进入集镇落户问题的通知》颁布到 1986 年底，共有 4542988 人通过办理自理口粮进入城镇（市）。1985 年，《关于城镇暂住证人口管理规定》正式纳入公安部户籍制度管理条例中，至此我国公民在非户籍地长期居住的合法性得到了制度保障；同年 9 月，"一人一证"的身份证制度开始在全国实施，这种安排规范了人口流动的管理，进一步放松了对人口流动的制度约束。

1992 年，党的十四大正式提出了"我国的经济体制改革目标是建立社会主义市场经济体制"，拉开了我国经济体制转型的序幕，直到 2001 年我国正式加入世界贸易组织，这一阶段也是我国民营企业与乡镇企业快速发展、转型与调整的特殊时期，小城镇得到了飞速的进步与提升，同时也扩大了对劳动力的旺盛需求。龚建文（2008）的研究表明，到 2003 年初，全国共有建制镇 20600 个，为数量庞大的农村剩余劳动力提供了非常适宜的转移场所，农村户籍人口的 32% 转移到了小城镇。为了符合新的阶段经济转型与快速发展的需要，1992 年 8 月，公安部发布《关于实行当地有效城镇居民户口的通知》，对已经在小城镇、高新技术开发区、经济开发区、经济特区具有稳定收入并居住的转移农村剩余劳动力给予当地有效城镇户口。当年 10 月，又在河北、河南、山西、山东、浙江、广东等地区实行了"蓝印户口"制度，户籍登记管理按常住人口进行统计，统一标注为"非农业人口"。至此，我国的户口准入制度涉及广大的小城镇区域。值得一提的是，1992 年底，我国取消了粮票流通制度，并在全国范围内试行放开粮油市场价格，从此与户口挂钩的口粮制度退出历史舞台，流动人口可以更为自由地进入城镇（市）。1997 年，《关于小城镇户籍制度改革试点方案》获国务院批转，拉开了全国范围内以小城镇户籍制度改革为主体的户籍制度创新，该方案规定，在小城镇有稳定生活来源或合法的稳定工作，或投资，或购买产业的投资者等，都可以按照当地条件办理小城镇常住户口。2001 年 5 月，国务院再一次批转了公安部《关于推进小城镇户籍制度改革意见》，这一意见规定更是将小城镇户籍制度的改革权部分地下放到地方政府，各地政府也纷纷出台了适合当地的小城镇户籍制度管理办法，进一步放宽了农村户籍人口迁移到小城镇办理城镇户口的条件，更加强了农村剩余劳动力转移的积极性。

2003 年以来，为了适应 21 世纪新的经济发展要求，各地又纷纷出台新的户籍制度改革措施，力图尝试新的户籍改革方案。例如，广州、重庆、成都、武汉等地取消了农业户口和非农业户口的区分，并采用一定的"准入条件"，降低进入城市的门槛，推进城乡一体化建设。尤其是 2006 年，在全国范围内取消了延续几千年的农业税，更是让农村剩余人口摆脱了纳"皇粮"的"后顾之忧"，在社会主义市场经济体制下，更能够按照理性的经济运行规律，选择自己的"去"与"留"。2011 年，国务院办公厅发布《关于积极稳妥推进户籍制度改革的通知》，正式从制度安排上放开了流动人口在地级市落户的限制。

2018 年以来，我国各主要城市纷纷开启了"抢人战略"，加大放松落户的限制条件。以西安市为例，2018 年 3 月 22 日，西安推出"面向全国在校大学生仅凭学生证和身份证就可以在线落户西安"的新举措，不但放松了户籍制度对人员流动的限制，更是通过网络形式提升了人员的落户效率。据统计数据显示，3 月 23 日政策公布当日，就有 8050 人选择迁入落户西安。

二、交通基础设施的提升，为人口转移提供硬件支撑——技术层面

经济学的空间引入得益于跨区域运输成本的分析，最早的是由区位论在经济研究中引入。新经济地理学研究空间要素的流动与经济活动的集聚之间的内在机制关系，尤其注重对运输成本的分析。对于产品跨区域的转移，采用"冰山交易成本"的形式引入模型分析，这种交易成本是包含运输成本在内的广义运输成本，如时间成本、关税障碍等；进一步可由这种运输成本所表示的贸易自由度，探求其变化对

要素空间流动与经济活动集聚之间的影响。随着贸易自由度的提高，经济活动会经历分散—集聚—再分散的演化过程，由此可见交通运输成本在经济活动中的重要作用。劳动力是经济系统中比较活跃的经济要素，其流动必定会跨越空间距离；交通运输条件的改善，可以降低劳动力流动的成本，同样在劳动力的流动中扮演着重要角色。

新中国成立以来，我国非常重视交通基础设施在经济发展中的重要作用，"要致富先修路"是最为形象的宣传口号。尤其是改革开放以后，无论是铁路建设、公路建设，还是民航业、水路等交通设施，都取得了飞跃式的快速发展。我们选取 1980 年以来的公路、铁路以及国内航班航线进行说明。

由图 4.16 可知，公路运营里程由 1980 年的 88.83 万公里增加到 2022 年的 535.48 万公里，年均增加 10.63 万公里。截至 2022 年，全国的铁路营业里程也达到 15.49 万公里，规模居世界第二；国内航班航线里程也由 1980 年的 11.41 万公里增加到 2022 年的 546.15 万公里，年均增长率达 111.59%。

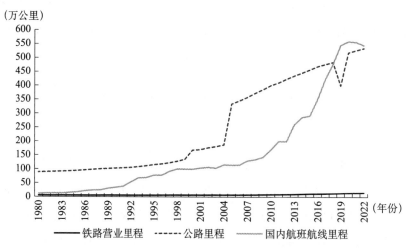

图 4.16 1980~2022 年交通基础设施发展情况

资料来源：历年《中国统计年鉴》。

由于铁路运输在国民经济活动中占有至关重要的作用，我们再以铁路通行密度来说明我国交通基础设施的极大改善。

由图4.17可知，1980年以来，我国的铁路密度逐年提升。在经济发展进步的同时，铁路密度已由1980年的55.3公里/万平方公里，增加到2022年的161.1公里/万平方公里，年均增长速度达4.6%。

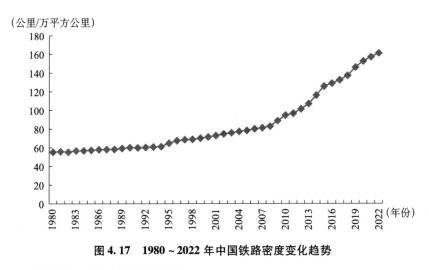

（公里/万平方公里）

图4.17 1980～2022年中国铁路密度变化趋势

资料来源：历年《中国统计年鉴》。

2004年，国务院批准并实施了《中长期铁路网规划》，涵盖时期为2016～2025年，初步规划目标：到2025年形成"十纵十横"的铁路交通网络，铁路网整体规模达17.5万公里，其中高速铁路规划建设3.8万公里左右。中国的高速铁路网，将以"八纵八横"的网络模式进行规划设计。自从2008年第一条时速高达350公里/小时的京津城际铁路开通以来，我国高速铁路建设取得飞速发展，初步建成了"四纵四横"的快速网络骨架。截至2023年，我国高铁运营里程已超过4.5万公里，稳居全球高铁运营里程首位。高速铁路发展情况见表4.6。

表 4.6　　　　　　　2008～2022 年高速铁路发展情况

年份	营业里程（公里）	占铁路营业总里程比重（%）	客运量（万人）	占铁路客运总量比重（%）	旅客周转量（亿人/公里）	占铁路客运总周转量比重（%）
2008	672	0.8	734	0.5	15.6	0.2
2009	2699	3.2	4651	3.1	1662.2	2.1
2010	5133	5.6	13323	8	463.2	5.3
2011	6601	7.1	28552	15.8	1058.4	11
2012	9356	9.6	38815	20.5	1446.1	14.7
2013	11028	10.7	52962	25.1	2141.1	20.2
2014	16456	14.7	70378	30.5	2825	25.1
2015	19838	16.4	96139	37.9	3863.4	32.3
2016	22980	18.5	122128	43.4	4641	36.9
2017	25164	19.8	175216	56.8	5875.6	43.7
2018	29904	22.7	205430	60.9	6871.9	48.6
2019	35388	25.3	235833	64.4	7746.7	52.7
2020	37929	25.3	155707	70.7	4844.9	58.6
2021	40139	26.6	192236	73.6	6064.2	63.4
2022	42241	27.3	127533	76.2	4386.1	66.7

资料来源：历年《中国统计年鉴》。

2008 年，高速铁路营业里程为 672 公里，约占铁路营业里程的 0.8%，客运约 734 万人，占铁路客运量的 0.5%，旅客周转量约占铁路客运周转量的 0.2%；截至 2022 年，这些指标分别为 27.3%、76.2%、66.7%，达到 42241 公里、127533 万人和 4386.1 亿人公里。随着高铁融入中国人的生活，越来越成为主流的出行选择工具，公路营运汽车（专指载客汽车）拥有量从 2009 年开始逐渐下降。2009 年，公路营运汽车拥有量约为 180.8 万辆，到 2022 年，这一数额仅为 55.42 万辆，这也从另一个角度说明了，在较大空间范围内，高速铁路正在逐渐地改变着中国的经济空间形态。

我国高速公路的发展同样取得了长足的进步，尤其是 1995 年以来，高速公路营业里程几乎呈现直线式的增长（如图 4.18 所示）。
2004 年，国务院审议通过了《国家高速公路网规划》方案，这是一
个规划连接全国所有重要交通枢纽城市、覆盖 10 多亿人口的"终极"
高速公路骨架布局，计划实现花费东部地区平均 30 分钟、中部地区
平均 1 小时、西部地区平均 2 小时，均可以由普通公路上高速。

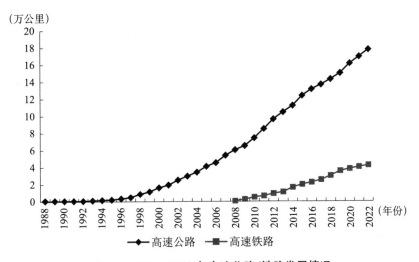

图 4.18　1988～2022 年高速公路/铁路发展情况

资料来源：历年《中国统计年鉴》。

　　经济的发展、国民生活水平以及消费能力的提高，对民航业的发
展起到推波助澜的作用。我国国内民用航线 1990 年约有 385 条、行
业运输飞机期末在册 503 架；截至 2022 年，国内航线 4334 条，期末
在册 4165 架。国内定期航班通航机场也由 1990 年的 94 个增加至
2022 年的 259 个；2022 年，年旅客吞吐量在 1000 万人次以上的机场
共有 18 个（见表 4.7）。

表 4.7　　　　　　1990～2022 年民航客运量与客运周转量情况

年份	客运量 （万人）	民航客运量占比 （%）	旅客周转量 （亿人/公里）	民航旅客周转量占比 （%）
1990	772682	0.21	5628.4	4.10

续表

年份	客运量 （万人）	民航客运量占比 （％）	旅客周转量 （亿人/公里）	民航旅客周转量占比 （％）
1991	806048	0.27	6178.3	4.88
1992	860855	0.34	6949.4	5.84
1993	996634	0.34	7858.0	6.08
1994	1092882	0.37	8591.4	6.42
1995	1172596	0.44	9001.9	7.57
1996	1245357	0.45	9164.8	8.16
1997	1326094	0.42	10055.5	7.69
1998	1378717	0.42	10636.7	7.52
1999	1394413	0.44	11299.7	7.59
2000	1478573	0.45	12261.1	7.92
2001	1534122	0.49	13155.1	8.30
2002	1608150	0.53	14125.6	8.98
2003	1587497	0.55	13810.5	9.14
2004	1767453	0.69	16309.1	10.93
2005	1847018	0.75	17466.7	11.71
2006	2024158	0.79	19197.2	12.35
2007	2227761	0.83	21592.6	12.93
2008	2867892	0.67	23196.7	12.43
2009	2976898	0.77	24834.9	13.59
2010	3269508	0.82	27894.9	14.48
2011	3526319	0.83	30984.0	14.64
2012	3804035	0.84	33383.1	15.05
2013	2122992	1.67	27571.7	20.52
2014	2032218	1.93	28647.1	22.11
2015	1943271	2.24	30058.9	24.23
2016	1900194	2.57	31258.5	26.80
2017	1848620	0.03	32812.8	0.29
2018	1793820	0.03	34218.2	0.31
2019	1760436	0.04	35349.2	0.33
2020	966540	0.04	19251.5	0.33
2021	830257	0.05	19758.1	0.33
2022	558738	0.05	12921.5	0.30

资料来源：历年《中国统计年鉴》。

与此同时，各种类型的民用载客汽车拥有量也经历了一个"爆炸式"的增长。据统计数据显示，1978 年我国拥有各种类型的民用载客汽车约 25.9 万辆，到 2022 年这一数据达到 4.17 亿量，40 多年增加了近 1610 倍。

2017 年 2 月 3 日，国务院印发了《"十三五"现代综合交通运输体系发展规划》，进一步强调"交通运输是国民经济中基础性、先导性、战略性产业"。在发挥交通运输体系重要的战略支撑作用的同时，更应该提升交通产业的智能化变革，将信息化智能化发展贯穿于交通体系的构建中，全面提升交通运输效率。2024 年 3 月，第十四届全国人大第二次会议上，李强总理在《关于 2023 年国民经济和社会发展计划执行情况与 2024 年国民经济和社会发展计划草案的报告》中提到，"2024 年，计划完成铁路投资 8000 亿元、公路水运投资 1.8 万亿元左右，重大基础设施建设继续向中西部地区倾斜"。交通基础设施的提升，降低了劳动力整体的流动成本，有利于劳动力的跨区域转移，为劳动力的流动提供了有效的技术支撑。

——— 本章小结 ———

改革开放以后，"以经济建设为中心"是我党的核心任务。我国具有劳动力资源禀赋的优势，正是充分尊重这一比较优势，在劳动密集型产业的国际贸易竞争中，逐渐取得了优势，为经济的腾飞起步作出了重要贡献。

40 多年的发展进程中，我国存在大量的非农劳动力的跨区域转移，人户分离人数在 2021 年达到 5.04 亿人。这首先源于我国农业劳动生产率的提高，据可比价格，1978 年农业劳动生产率为 359.7 元/人，到 2022 年约为 3800 元/人；与此同时发生的是，农业从业人员占总就业人数的比例逐年下降，1978 年我国农业从业人员约占总从业人员的 71%，到 2022 年农业从业人员比例下降到 24%。其次是区域间存在的巨大发展差距，使得存在劳动力跨区域转移的巨大诱因。再加上我国对教育、基础设施以及不合理制度的不断改革完善，尤其是以户籍制度为代表的一系列制度安排，不断地放松其对劳动力流动的约束，使得劳动力的跨区域转移，不断降低流动成本。纵观当下我国经济地理格局，存在着劳动力的流动与经济活动聚集之间的"完美"耦合。

第五章　基于劳动力转移成本的 CP 扩展

新经济地理学模型通过"冰山交易成本"将空间因素引入主流经济学的分析中，并完美地融合了规模收益递增和垄断竞争的分析框架，从而从理论模型构建上解释了经济系统中广泛存在的经济活动集聚现象，得出了很多新的结论：本地市场放大效应、内生的非对称性、驼峰状聚集租金、预期的自我实现等；也使主流经济学告别了长期缺乏空间维度分析的"窘境"。克鲁格曼（Krugman）于 1991 年发表在《政治经济学》杂志上的《收益递增与经济地理》一文，可谓是真正意义上创立了新经济地理学模型分析范式。该文中，克鲁格曼建立了被后来研究者推崇的完美且精练的 CP 模型。随着新经济地理学理论的进步，该模型也经过了许多后继者的进一步完善与丰富。我们这里所要讨论的劳动力转移成本与产业空间分布的模型分析，是在后继者进一步丰富的模型基础之上，进行的尝试性拓展。力图说明，当劳动力的流动，主要是指工业劳动力的流动存在转移成本时，是否存在不同于经典的 CP 模型的结论。朱希伟（2004）指出，相对于 CP 模型中区域间产品运输存在成本，劳动力的跨区域迁移，尤其是在发展中国家，可能存在更高的迁移成本。

在典型的 CP 模型中，劳动力作为唯一参与经济活动的生产要素，工业劳动力可以跨区域流动，而农业劳动力不可以流动。在一定的情况下，偶然的因素促使工业劳动力的流动，进而造成了不同区域间市场规模的变化，进一步在"本地市场放大效应"和"生活成本效应"

共同作用的循环累积因果之下，形成了"核心-边缘"模式的经济结构。当然，这里由于厂商生产的产品存在着以"冰山交易成本"形式的空间因素转移成本，不同的"冰山交易成本"形成了不同的经济系统贸易自由度，可以演化出对称和"核心-边缘"结构的均衡状态。然而，现实的情况是，不仅产品的跨区域运输存在所谓的"冰山交易成本"，而且工业劳动力的流动也存在着"空间障碍"。这种"障碍"可以表现在空间距离引起的交通成本、不同区域环境下社会网络关系的不同所产生的一系列心理成本、不同区域的环境舒适度对劳动者个体的影响、在新的环境下寻找到工作的概率、其他的原因导致的成本以及机会成本。通过考察这些"障碍"，是不是能够发现一些不同于经典的 CP 模型的结论？或者能否从另一个角度验证经典 CP 模型的一些结论呢？本章通过劳动力转移折旧因子 δ 的引入，扩展经典的 CP 模型，我们试图回答的这些问题。需要提前强调的是，转移折旧因子 δ 是关于距离、舒适度、机会成本等因素的函数，即 $\delta = \delta(d, \bar{d})$，这里 d 表示距离，$\bar{d}$ 表示其他影响 δ 的因素。下文不作特殊说明的话，我们就以 δ 表示这一函数关系。

在进行模型推算与模拟之前，我们大胆提出引入劳动力转移折旧因子的 CP 模型，可能存在以下几个理论猜想。

（1）不存在类似于经典 CP 模型的对称均衡模式，但存在以内点解和"核心-边缘"为代表的长期均衡模式。

（2）市场规模在新 CP 模型中仍然扮演着重要作用，只有达到一定的市场规模，才能克服劳动力转移折旧因子对经济结构的影响，形成长期且稳定的经济结构。从另一个角度，验证了新经济地理学模型"本地市场放大效应"的存在，只有本地市场规模达到一定的程度，才能形成经济活动集聚的力量。

（3）贸易自由度仍然是影响产业空间分布的重要变量。不同的贸易自由度，经济系统将形成不同的长期均衡结构。

（4）劳动力转移折旧因子 δ 是影响产业空间分布的又一个重要变量，体现了"分散力"的作用，不同的 δ 决定了不同的经济活动集聚状态。

第一节 模型构建

一、基本模型

（一）模型的假设

（1）在一个 $2 \times 2 \times 2$ 的 CP 模型中，存在两个起初对称的地区，分别是东部地区和西部地区①，每个地区都存在着工业部门（M）和农业部门（A），其中工业部门以垄断竞争和规模收益递增为特征，农业部门以完全竞争和规模收益不变为特征；经济系统只使用劳动力为唯一生产要素，其中工业部门使用工业劳动力，农业部门使用农业劳动力。

（2）农业部门生产同质无差异的农产品，单位农产品的生产需要 c_A 单位的农业劳动力，农业劳动力的工资为 w_A，农产品在区域内和区域间的运输成本为零，不存在交易成本。

（3）工业部门使用工业劳动力进行生产，并假设工业部门不存在范围经济，一个厂商只能生产一种工业产品；工业产品与工业产品之间存在一定的差异性，不同工业产品之间的替代弹性为不变的 σ；代表性厂商使用 F 单位的固定成本和可变成本进行生产活动，同时厂商生产的工业产品在区域内不存在交易成本，但是在区域间存在"冰山交易成本"。也就是说，要想在西部地区销售 1 单位的东部产品，那

① 也就说，这两个地区起初在要素禀赋、生产技术水平、区域舒适度、对外开放度等方面都是相同的。所有的西部地区，其变量带有 * 号，以示区别。

么必须从东部地区运输 $\tau(\tau > 1)$ 单位的该产品，其中有 $(\tau - 1)$ 单位的该产品在运输中"融化"掉了，融化掉的部分就代表着空间因素对经济系统的影响。如果用价格来表示这种产品跨区域间的"冰山交易成本"，即 1 单位的东部产品在东部市场的销售价格为 p 的情况下，同样 1 单位的该产品在西部地区的销售价格为 $p^* = \tau p$。

（4）不同于经典的 CP 模型，工业劳动力在区域间的流动存在转移成本，转移折旧因子为 δ。也就是说，为了保持和经典的 CP 模型的可比性，我们这里也假定 1 单位的工业产品需要 c_M 单位的工业劳动力，但是由于存在转移折旧因子 δ，现在 1 单位的工业劳动力只能提供 $(1 - \delta)$ 单位的有效劳动力进行生产；对厂商来说，为了保持同样 m_i 单位产量的产品，厂商雇用的劳动力数量就会增加。

（二）短期最优决策行为

这里的短期最优决策行为，是经济系统生产要素的空间分布被内生给定的情况下，尤其是工业劳动力不再流动的状态下，考察消费者效用最大化和生产者利润最大化的内生决定条件。由于模型中劳动者是唯一的生产要素，既是生产者又是消费者，通过模型推导其短期最优的决策行为，进一步对比不同区域的工业劳动力的流动，就能说明产业的空间分布。

1. 消费者行为：效用最大化

假设两个地区的消费者具有相同的偏好，代表性消费者通过消费农产品和多样化工业产品实现效用的最大化。消费者的效用函数采取嵌套的 CD 型式的效用函数 $U(A, M)$：

$$U = A^{1-\mu} M^{\mu}$$

$$M = \left[\int_0^{n+n^*} m_i^{(\sigma-1)/\sigma} di \right]^{\sigma/(\sigma-1)}$$

其中，A 为代表性消费者对农产品的消费，M 为一系列差异化的工业品消费组合，采用不变替代弹性（CES）型函数型式，m_i 为消费者消

费 i 种类的工业品的消费数量，μ 是代表性消费者在工业品消费上的支出份额，满足 $0 < \mu < 1$；n 为东部地区生产的差异化工业品种类，n^* 为西部地区生产的差异化工业品种类，由于我们假设经济系统不具有范围经济，一个厂商只生产一种种类的工业产品，所以工业品种类数即为厂商的数量[1]，整个经济系统所有工业品种类 $n^w = n + n^*$；σ 为不同工业种类产品之间的替代弹性，反映了各种类产品之间的替代关系，σ 越大表示产品之间的替代关系越强；由于消费者偏好多样化的工业品消费，即有 $\sigma > 1$。

我们进一步假设变量 $\rho (0 < \rho < 1)$ 代表消费者的多样化偏好强度，其中 $\rho = (\sigma - 1)/\sigma$，$\rho$ 越接近 0 表示消费者的多样化偏好强度越大，越接近 1 表示消费者的多样化偏好强度越小。东部地区农产品的价格为 P_A，东部不同种类 i 的工业产品价格为 p_i，消费者的收入来源于农业劳动力和工业劳动力的支出，由于假设经济系统不存在储蓄，支出即等于收入，其中东部地区的收入为 Y，西部地区的收入为 Y^*。

代表性消费者通过消费农业产品和多样化工业产品以满足效用最大化，可以通过两个步骤实现这一目标：第一步，在消费一定数量的差异化工业品组合的情况下，实现其工业品消费总支出最小化；第二步，在消费者预算约束一定的情况下（东部地区为收入 Y，西部地区为 Y^*），通过工业品组合的消费和农产品的消费最优选择，实现效应最大化。仅以东部地区为例，于是，

第一步，满足如下最优化条件：

$$\min_{m_i} \int_0^{n+n^*} p_i m_i d_i$$

$$\text{s. t. } M = \left[\int_0^{n+n^*} m_i^{(\sigma-1)/\sigma} d_i \right]^{\sigma/(\sigma-1)}$$

---

[1]　需要说明的是，由于厂商生产的是具有差异化的工业产品，在一定程度上可以看作是不同的厂商代表着不同的产业；不具有范围经济的情况下，不同区域厂商的种类的变化，也意味着产业的空间分布变化。正是基于这种逻辑假设，我们才可以通过新经济地理学模型，通过产品种类的视角说明这种内生的经济集聚。

构建拉格朗日函数 $L = \int_0^{n+n^*} p_i m_i d_i - \lambda \left\{ \left[\int_0^{n+n^*} m_i^{(\sigma-1)/\sigma} d_i \right]^{\sigma/(\sigma-1)} - M \right\}$，其一阶化条件分别满足 $\frac{\partial L}{\partial m_i} = 0, \frac{\partial L}{\partial \lambda} = 0$。

可以得出，东部地区代表性消费者对第 i 种工业产品的最优消费量 m_i，即 $m_i = (p_i / P_M)^{-\sigma} M$，其中 $P_M = \left[\int_0^{n+n^*} p_i^{1-\sigma} d_i \right]^{1/(1-\sigma)}$ 为消费者消费工业品的价格指数，假设 $\Delta n^w = (P_M)^{1-\sigma}$。通过最优消费量 m_i 可以看出，其与价格 p_i 具有反向的函数关系，这就是我们所有探求的市场对某一种类 i 的需求函数，只不过其没有显性的函数表达式。

第二步，满足如下最优条件：
$$\max_{A,M} U = A^{1-\mu} M^{\mu}$$
$$\text{s. t. } P_A A + P_M M = Y$$

构建拉格朗日函数 $L = A^{1-\mu} M^{\mu} - \lambda (P_A A + P_M M - Y)$，其一阶化条件分别满足 $\frac{\partial L}{\partial A} = 0$，$\frac{\partial L}{\partial M} = 0$，$\frac{\partial L}{\partial \lambda} = 0$。

可以得出，代表性消费者的最优消费组合：
$$M = \mu Y / P_M$$
$$A = (1 - \mu) Y / P_A$$

也可看出，这里的变量 μ 恰好是消费最优的工业品组合时，代表性消费者的工业支出份额。

在各种产品价格和收入已知的情况下，通过最优的消费组合代表性消费者达到效用最大化，其间接效用函数可以表示为：$U_{\max} = (1 - \mu)^{1-\mu} \mu^{\mu} P_A^{-(1-\mu)} P_M^{-\mu} Y$

进一步可以得出东部地区的完全价格指数 $P = P_A^{1-\mu} P_M^{\mu}$。

2. 生产者行为：利润最大化

在一定的技术条件和各种商品的价格已知情况下，满足消费者对各种产品的需求，恰好能够使各种市场出清的最优生产，生产者获得最大化利润。

（1）农业部门。由于农业部门是完全竞争的市场特性，而且农产品在区域间不存在交易成本，两个地区间的农产品市场价格必然相等且等于其边际成本，即 $P_A = P_A^*$。单位农产品的生产需要 c_A 单位的农业劳动力，东部农业劳动力的工资为 w_A，西部地区农业劳动力的工资为 w_A^*，于是有 $P_A = c_A w_A = P_A^* = c_A w_A^*$。若以农产品价格作为计价标准，且假设 $c_A = 1$，则有 $P_A = w_A = P_A^* = w_A^* = 1$。

假设东部地区和西部地区分别有农业劳动力禀赋为 l_A，l_A^*，则经济系统总的农业劳动力禀赋为 $l_A^w = l_A + l_A^*$，东部地区农业劳动力份额为 $s_A = l_A / l_A^w$。基于模型假设，则有 $l_A = l_A^* = l^w / 2$，经济系统可以提供最大的农产品生产数量为 l_A^w / c_A。

东部地区农产品总的消费量为 A，西部地区农产品总的消费量为 A^*，由消费者效用最大化条件可知，整个经济系统农业部门的出清条件为：

$$(1 - \mu)(Y + Y^*)/P_A = l_A^w / c_A$$

（2）工业部门。工业部门以垄断竞争和规模收益递增为特征，消费者多样化偏好是厂商生产具有规模收益递增的源泉，同时正是因为不同厂商生产的产品之间具有一定的替代性，所以每个厂商在该产品的供给上，具有一定的垄断性；但是最终产品的销售市场是完全竞争市场，因此厂商只能采用边际成本加成定价的方式，以达到厂商利润最大化。工业部门以垄断竞争为特征，厂商最大利润为零。使用固定成本和工业劳动力作为可变成本进行生产，而且一个较强的假设条件是，每个厂商的固定成本都一样。以代表性厂商的利润最大化行为，作为分析的考察点。

假设生产 1 单位 i 种类的产品需要 c_M 单位的工业劳动力。但是，工业劳动力在区域间的流动存在转移成本，转移折旧因子为 δ。由于存在耗损，现在 1 单位的劳动力只能提供 $(1 - \delta)$ 单位的有效劳动力进行生产。对于厂商来说，为了保持生产同样 m_i 产量单位的第 i 种产品，雇用劳动力的真实数量就会增加，厂商的总成本就会增加，如果 1 单位劳动力的工资为 w，那么生产 m_i 单位的产品需要劳动力 $C = F + \frac{c_M}{1 - \delta} m_i$。为了实现利润最大化，第 i 种产品的厂商的利润 π_i 需满足以下条件：

$$\max_{p_i, m_i} \pi_i = p_i m_i - Cw$$

$$\text{s. t. } m_i = \mu Y (p_i^{-\sigma} / P_M^{1-\sigma})$$

构建拉格朗日函数 $L = p_i m_i - Cw - \lambda [\mu Y (p_i^{-\sigma} / P_M^{1-\sigma}) - m_i]$，满足一阶化条件 $\frac{\partial L}{\partial p_i} = 0, \frac{\partial L}{\partial m_i} = o, \frac{\partial L}{\partial \lambda} = 0$。由于工业部门面临的是垄断竞争的市场结构，厂商利润最大化是必须满足 $\max_{p_i, m_i} \pi_i = 0$，

得出产品价格及厂商的生产规模：

$$p_i = \frac{w c_M}{1 - 1/\sigma} \frac{1}{1 - \delta}$$

$$m_i = \frac{(\sigma - 1) F}{c_M} (1 - \delta)$$

发现 p_i 和 m_i 的表达式是不包含任何与种类 i 相关的变量，因此可以看出，经济系统中所有种类的产品其定价策略与厂商的产量均相同。这是一个较强的假设，并不完全符合现实生活中的真实情况，但是这种简化有利于我们进行模型的推演，却不会失去其模型探讨真实经济规律的价值。

相较于经典的 CP 的结论 $\left(p_i = \frac{w c_M}{1 - 1/\sigma} \text{和} m_i = \frac{(\sigma - 1) F}{c_M} \right)$，由于 $0 < \delta < 1$，引入转移折旧因子 δ 后，代表性厂商的价格提高了而产量降低了。这是因为，由于转移成本的存在，1 单位的劳动力其有效劳动力仅为 $(1 - \delta)$ 单位，为了保持同样产量 m_i 的情况下，投入劳动力的数量就会增加，厂商成本就会跟着提高，厂商的真实产量就会减

少，为了维持最优利润，必须通过提高产品价格。我们可以用另一种表达方式：实际的有效劳动力因转移成本的存在而缩小，致使厂商雇佣同样数量的劳动力，其真实的生产能力下降，实际的生产规模就会变小，为了保持同样的最优利润，必须提高产品的价格。

于是，代表性厂商雇用工人的数量：

$$C = \frac{c_M}{1-\delta}m_i + F = \frac{c_M}{1-\delta}\frac{\sigma-1}{c_M}F(1-\delta) + F = \sigma F$$

相较于经典的 CP 模型，代表性厂商雇用的工人数量并没有发生变化。数量不变的劳动力需求，对应着代表性厂商的技术发展要求。假设东部地区拥有工业劳动力 l_M，西部地区拥有工业劳动力 l_M^*，经济系统共拥有工业劳动力 $l_M^w = l_M + l_M^*$，于是东部地区拥有工业劳动力份额 $s_M = l_M/l_M^w$，西部地区拥有的工业劳动力份额为 $(1-s_M)$；因此，东部地区拥有的产品种类 $n = l_M/\sigma F$，西部地区拥有的产品种类 $n^* = l_M^*/\sigma F$，经济系统共拥有产品种类 $n^w = l_M^w/\sigma F$，其中东部拥有的产业份额 $s_n = n/n^w$，西部地区拥有的产业份额 $s_n^* = n^*/n^w$。空间上工业劳动力的数量分布发生变化，决定了不同区域拥有的产品种类数量，进而决定了产业在经济系统内的空间分布。于是，我们可以用工业劳动力的流动，探究产业的内生空间分布状态。

假设第 i 种类的产品在东部地区生产，代表性厂商使用一致的固定成本 F，通过雇用工业劳动力生产第 i 种类的产品，其产量为 m_i。由于消费者偏好多样化产品的消费，产量为 m_i 的第 i 种产品必须满足东部地区和西部地区两个市场的需求。假设在东部市场的销售量为 x_i，西部市场的销售量为 x_i^*；由于工业产品存在冰山交易成本 τ，第 i 种产品的市场出清条件必须满足：$m_i = x_i + \tau x_i^*$。

由于价格的表达式是与产品种类无关的一个函数，因此可以进一步假设东部地区生产的产品，其在东部地区市场的销售价格为 $p =$

$\dfrac{wc_M}{1-1/\sigma}\dfrac{1}{1-\delta}$，$w$ 为东部地区工业劳动力的工资；在西部地区市场的销售价格就为 $p^* = \tau p$；西部地区生产的产品，在西部地区市场的销售价格为 $\bar{p}^* = \dfrac{w^* c_M}{1-1/\sigma}\dfrac{1}{1-\delta}$，其中 w^* 为西部地区工业劳动力的工资，在东部地区市场的销售价格为 $\bar{p} = \tau \bar{p}^*$。

以东部市场代表性厂商为例，推算工业劳动力的工资 w。工业部门垄断竞争的市场结构，厂商利润的利润最大化行为，使得厂商的利润为零，这就使得代表性厂商的所有销售收入都用来支出给雇用的工业劳动力。即种类 i 产品的销售收入：

$$R = (\sigma F)w$$

$$R = pm_i = p(x_i + \tau x_i^*)$$

由前文可知：$x_i = \mu Y p_i^{-\sigma}/P_M^{1-\sigma}$，

$$x_i^* = \mu Y^* (p^*)^{-\sigma}/(P_M^*)^{1-\sigma}$$

$$P_M^{1-\sigma} = \Delta n^w = \int_0^{n^w} p_i^{1-\sigma} d_i = np^{1-\sigma} + n^* \bar{p}^{1-\sigma}$$

$$P_M^{*\,1-\sigma} = \Delta^* n^w = \int_0^{n^w} p_i^{1-\sigma} d_i = n(p^*)^{1-\sigma} + n^*(\bar{p}^*)^{1-\sigma}$$

假设 $\phi = \tau^{1-\sigma}$，代入前假设 p、p^*、$\bar{p}$、$\bar{p}^*$，并进一步化简可知：

$$R = \frac{\mu Y w^{1-\sigma}}{nw^{1-\sigma} + \phi n^*(w^*)^{1-\sigma}} + \frac{\phi \mu Y^* w^{1-\sigma}}{\phi n w^{1-\sigma} + n^*(w^*)^{1-\sigma}}$$

进一步假设经济系统的市场规模为：$Y^w = Y + Y^*$，则有东部地区的市场规模 $s_Y = Y/Y^w$，西部地区的市场规模为 $(1-s_Y)$。于是，

$$R = \frac{\mu w^{1-\sigma} Y^w}{n^w}\Big[\frac{s_Y}{s_n w^{1-\sigma} + \phi(1-s_n)(w^*)^{1-\sigma}} + \frac{\phi(1-s_Y)}{\phi s_n w^{1-\sigma} + (1-s_n)(w^*)^{1-\sigma}}\Big]$$

同理，可以得到西部地区代表性厂商的销售收入：

$$R^* = \frac{\mu w^{1-\sigma} Y^w}{n^w}\Big[\frac{1-s_Y}{(1-s_n)(w^*)^{1-\sigma} + \phi s_n w^{1-\sigma}} + \frac{\phi s_Y}{\phi(1-s_n)(w^*)^{1-\sigma} + s_n w^{1-\sigma}}\Big]$$

为了分析与模拟的方便，我们定义以下变量：

$$\Delta = s_n w^{1-\sigma} + \phi(1-s_n)(w^*)1-\sigma$$

$$\Delta^* = \phi s_n w^{1-\sigma} + (1-s_n)(w^*)1-\sigma$$

$$B = \frac{s_Y}{\Delta} + \frac{\phi(1-s_Y)}{\Delta^*}$$

$$B^* = \frac{\phi s_Y}{\Delta} + \frac{1-s_Y}{\Delta^*}$$

于是，可以化简 $\sigma F w = R = \mu w^{1-\sigma} \frac{Y^w}{n^w} B$，得出：

$$w^\sigma = \frac{\mu Y^w}{\sigma F n^w} B$$

同理，
$$(w^*)^\sigma = \frac{\mu Y^w}{\sigma F n^w} B^*$$

不同的两个地区，分别的价格水平为 $P = P_M^\mu P_A^{1-\mu}$ 和 $P^* = (P_M^*)^\mu P_A^{1-\mu}$，进而可以求出东部地区和西部地区工业劳动力真实的工资水平为：

$$\omega = w/P \text{ 和 } \omega^* = w^*/P^* 。$$

同样，我们可以根据前文推算中的各种价格与劳动力禀赋假设，求得每个地区的市场规模。因此有：

$$Y = w_A l_A + w l_M$$
$$Y^* = w_A^* l_A^* + w^* l_M^*$$
，所以 $Y^w = Y + Y^* = w_A l_A^w + w l_M + w^* l_M^* 。$

又因为 $w l_M + w^* l_M^* = \mu Y^w$，进而：

$$s_Y = \frac{Y}{Y^w} = (1-\mu)\left(s_A + \frac{w l_m^w}{w_A l_A^w} s_M\right)$$

可以看出，区域市场的规模大小可以看作是农业劳动力份额和工业劳动力份额的加权平均，这些权重由内生的工业品支出份额、工业劳动力的工资、农业劳动力的工资和区域劳动力禀赋共同决定。

综合以上推演过程，相较于经典的 CP 模型，我们可以发现：引入转移成本折旧因子后的 CP 模型，并没有改变原始模型的内在运作机制，除了代表性厂商的产品价格和厂商的生产规模有一定的改变之外，其他的变量表达几乎和原始模型一致。然而，我们要清楚的是，虽然通过推演过程，部分变量消弭了转移折旧因子对其产生的影响，但是已改变的厂商生产行为，在内在模型的运作上势必会影响到整个经济系统的产业分布模式。这将充分展示转移折旧因子的存在，必然导致不同的工业劳动力空间分布模式，进而决定产业的空间分布状态。这是因为任何一个地区的市场份额，其核心的变量仍然是该区域所拥有的工业劳动力所占的比例，当然我们这里假设由于完全竞争市场的结构，农业劳动力的市场份额维持在固定的比例上。

二、产业空间分布方程

新经济地理学的 CP 模型，不同于其他传统的解释经济集聚的非空间经济理论在于，CP 模型内生化了经济活动集聚的机制。通过新经济地理学的模型推演，即使在初始禀赋条件完全相同的两个地区，也会由于偶然的历史因素，促使经济系统中不同地区的工业劳动力流动，进而在"本地市场扩大效应"和"生活成本效应"的循环累积因果关系的作用之下，形成经济活动的集聚。这里面有一个看似普通却决定模型"命运"的假设，就是经济活动中历史的偶然原因导致的工业劳动力流动，整个模型的逻辑内涵是在工业劳动力的流动基础上进行推演的。可以说，即使是在考察模型短期均衡状态下，也是假设生产要素的空间分布内生给定；但实质是生产要素流动之后的短期内在效应。因而，我们引入工业劳动力转移成本折旧因子，就有逻辑上的合理性。

为了简化分析，我们假设代表性厂商的固定成本 $F = 1/\sigma$、$l_M^w = 1$，这样我们就有东部地区的产业份额（产品种类占经济系统产品总类的比例）等于东部地区工业劳动力的份额，即 $s_n = s_M$，考察工业劳动力的区域分布就能得出产业的空间分布。

我们知道，工业劳动力在不同区域间的流动，源于不同区域间真实的工资差额，在引入劳动力转移成本折旧因子之后，可以这样表达劳动力的空间流动方程，也就是产业的空间分布方程（以西部市场产业份额变化为例）：

$$\dot{s}_M^* = \left[(1 - \delta)\omega - \omega^* \right] s_M^* (1 - s_M^*)$$

也就是说，西部地区的劳动力只有在消弭了转移成本折旧因子对真实劳动力工资的影响下，才能考虑转移到东部地区从事工业生产活动。也就是说，我们此处的模型，从转移劳动力的视角出发，由于劳动力转移折旧，存在"二次"消弭。由劳动力的空间流动方程，当劳动力不再流动，即 $\dot{s}_M^* = 0$ 时，存在着模型的均衡解。可知，在以下两种情况下经济系统达到稳定：一是 $(1 - \delta)\omega = \omega^*$ 情况下内点解，即东西部地区均有产业分布的空间均衡点；二是 $s_M^* = 0$（或者 $s_M^* = 1$）的角点解，即核心-边缘结构的产业空间分布均衡点。

第二节　模型的数值模拟与分析

我们是在经典的 CP 模型上进行的扩展，模型的各种内生变量的解都不存在显性解。由于我们研究的重点是通过引入劳动力转移成本折旧因子，考察工业劳动力的跨区域转移与产业空间分布的关系，可以将主要的关注点集中在劳动力的空间流动方程上。不存在显性解的情况下，我们只能通过数值模拟的方法，图解存在转移成本折旧因子对产业空间流动方程的影响，从图形中发掘新的结论。

一、标准化处理

为了方便模拟，我们按照一般新经济地理学模型的处理办法[①]，

---

① 为了具有对比性，这里的变量标准化处理除了 δ 的值，其他变量均参考安虎森等编著的 2009 年版《新经济地理学原理》第 128 页。

对一些变量作标准化处理：在农业部门，假设生产单位农产品需要的农业劳动力投入 $c_A = 1$；经济系统中农产品的销售价格 $P_A = P_A^* = 1$；这样一来，由于农产品采用边际成本定价，所以 $w_A = w_A^* = 1$。假设经济系统共有农业劳动力 $l_A^w = (1 - \mu)/\mu$，完全竞争的农业部门则有 $l_A = l_A^* = l_A^w/2$。

工业部门，假设生产 1 单位的种类 i 产品需要工业劳动力 $c_M = 1 - 1/\sigma$；厂商的固定成本 $F = 1/\sigma$，则有区域工业劳动力的数量即是区域产品的种类数，即 $n = l_M$、$n^* = l_M^*$；假设经济系统工业劳动力的总量 $l_M + l_M^* = l_M^w = 1$，则 $s_n = s_M$、$s_n^* = s_M^*$，并有经济系统的总收入 $Y^w = 1/\mu$。

在以上假设的基础上，在不同大小的贸易自由度情况下，我们考察工业劳动力的空间流动滚摆线图[①]。

二、模拟的滚摆线图与分析

（一）不包含转移成本折旧因子

当模型中不包含工业劳动力的转移成本折旧因子，即 $\delta = 0$ 的特殊情况。我们分别在较低水平的贸易自由度 $\phi = 2.1^{1-\sigma}$、中等水平的贸易自由度 $\phi = 1.75^{1-\sigma}$ 和较高水平的贸易自由度 $\phi = 1.6^{1-\sigma}$ 情况下，得出工业劳动力的空间流动滚摆线图，如图 5.1 ~ 图 5.3 所示。

通过模拟可知，当工业劳动力在区域间的转移不存在转移成本，即 $\delta = 0$ 时，工业劳动力空间分布的滚摆线图与经典的 CP 模型一致。存在着经济系统长期的对称均衡解和核心-边缘解。在不同的贸易自由度情况下，其长期均衡点也存在不同。具体来说：当工业劳动力在区域间自由流动不受影响时，较低水平的贸易自由度情况下对称点为长期均衡点；中等水平的贸易自由度存在着对称点和核心-边缘的长期

---

① 如果不作特殊说明，这里的滚摆线图：横坐标代表西部地区工业劳动力的份额，纵坐标代表东西部地区实际工资差额。

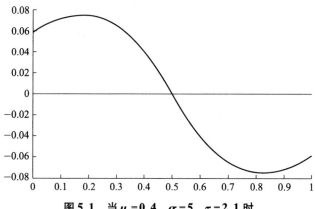

图 5.1　当 $\mu=0.4$，$\sigma=5$，$\tau=2.1$ 时

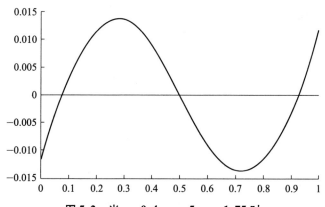

图 5.2　当 $\mu=0.4$，$\sigma=5$，$\tau=1.75$ 时

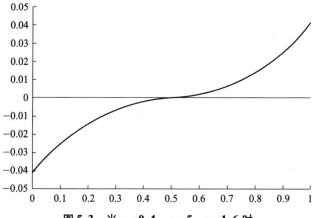

图 5.3　当 $\mu=0.4$，$\sigma=5$，$\tau=1.6$ 时

均衡点；较高水平的贸易自由度只存在核心-边缘的长期均衡点。而在中等贸易自由度的情况下，还存在着两个不稳定的均衡点，在这种情况下，经济系统的预期行为往往能左右系统最终的产业分布。

（二）同一贸易自由度下，不同δ的影响

当$\delta \neq 0$时，即工业劳动力在空间上变换区域位置存在转移成本时，工业劳动力的空间流动滚摆线图又会是怎样变换呢？这里选取较低水平的贸易自由度（如图5.4、图5.5所示）、中等水平的贸易自由度（如图5.6、图5.7所示）和较高水平的贸易自由度（如图5.8、图5.9所示）进行说明。

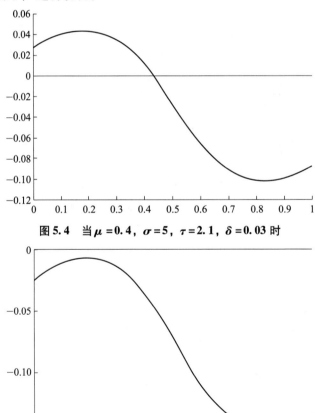

图5.4　当$\mu = 0.4$，$\sigma = 5$，$\tau = 2.1$，$\delta = 0.03$时

图5.5　当$\mu = 0.4$，$\sigma = 5$，$\tau = 2.1$，$\delta = 0.08$时

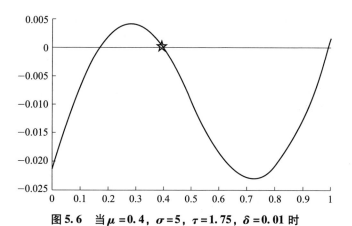

图 5.6 当 $\mu = 0.4$，$\sigma = 5$，$\tau = 1.75$，$\delta = 0.01$ 时

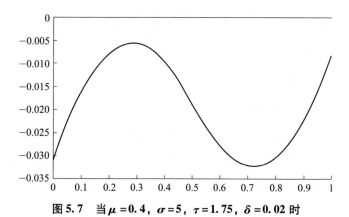

图 5.7 当 $\mu = 0.4$，$\sigma = 5$，$\tau = 1.75$，$\delta = 0.02$ 时

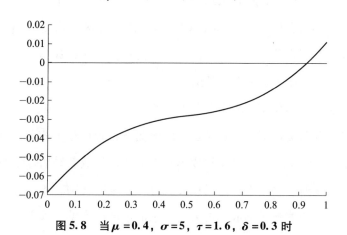

图 5.8 当 $\mu = 0.4$，$\sigma = 5$，$\tau = 1.6$，$\delta = 0.3$ 时

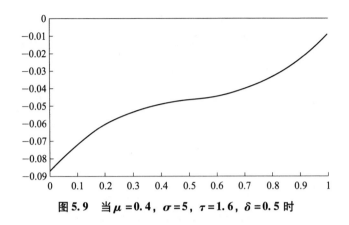

图5.9 当 $\mu=0.4$，$\sigma=5$，$\tau=1.6$，$\delta=0.5$ 时

在较低的贸易自由度水平下，随着劳动力转移成本折旧因子越来越大，滚摆线图相较于经典的 CP 模型，向下移动，直到 δ 超过一定的额度，滚摆线图将不与横轴相交。在一定的范围内（如 $o<\delta<0.735$），经济系统只存在长期稳定的内点解，而此时要求的市场规模分布：东部地区的市场规模必须足够大，而西部地区的市场规模相对较小。这就意味着，在稳定的内点解，西部地区的工业劳动力要想转移到东部地区从事工业活动，东部地区厂商给工人的实际工资必须在消弭了转移成本折旧之后，仍然能够大于西部地区工人在西部地区所获得的实际工资，而此时东部地区必须拥有足够大的市场规模。相较于经典的 CP 模型，长期稳定的内点解，西部地区的市场规模较小而东部地区市场规模较大，不存在对称均衡点。当转移成本过大时，经济系统不会存在工业劳动力的跨区域转移，经济系统保持在原始的工业分布状态，不存在经济集聚现象。

当经济系统处于中等贸易自由度情况下，若存在工业劳动力的转移成本，总的来说，随着转移成本逐渐变大，工业劳动力空间分布的滚摆线图逐渐下移。当 δ 达到较大的值时，滚摆线图将不与横坐标相交，这就意味着当转移成本过大时，东部地区厂商给工业劳动力出具的工资，除去弥补转移成本之后的部分，不能够超过西部地区给工业劳动力发的工资，则不会存在西部地区工业劳动力流向东部地区，经济系统的产业分布将保持在原始的状态，而不会有经济活动的集聚现象发生。但是当转移成本并不是那么大，而是在一定的范围内时（如 $0 < \delta < 0.01425$），仍然存在着类似于经典 CP 模型的内点解和角点解，只不过经济系统的特征已完全不同于经典的 CP 模型在该情况下的状态（如图 5.2 所示）。

相较于经典的 CP 模型，我们以图 5.4 状态下的经济系统特征进行说明：一是仍然存在内点解和角点解，即东西部地区均有产业分布的长期均衡点和以西部为核心-东部为边缘或者以西部为边缘-东部为核心的长期均衡点；只不过不存在类似于 CP 模型的对称均衡点（CP 中的内点解）。这是因为经济系统存在工业劳动力的转移成本之后，东部地区的市场规模必须达到一个较大的程度，东部地区的实际工资在弥补了转移成本折旧之后，仍然能够高于西部地区厂商所能支付的工资，西部地区的工业劳动力才可能向东部市场转移，形成内点解的市场规模要求东部地区市场规模足够大，这样就超过了对称均衡点时 $s_M = 1/2$ 的份额，而此时西部地区的市场规模 $s_M^* < 1/2$。二是核心-边缘的市场结构所要求的市场规模也必须达到一定的程度，才会出现突发式集聚现象的发生，而此时对应的西部地区的市场规模要么足够小（此时东部地区成为核心），要么西部地区的市场规模足够大（此时西部地区成为核心）。

在处于较高水平的贸易自由度情况下，当工业劳动力的转移成本不是很高时，经济系统只有核心-边缘模式的产业分布结构；当转移成本超过一定的范围，经济系统将不会发生工业劳动力的跨区域转移；产业分布将保持原始的状态，经济活动的集聚现象也不会发生。相较于经典的 CP 模型，有一个不同的发现是：贸易自由度水平较高时，经济系统对转移成本的反映并不那么明显，可能是由于经济一体化程度的提高，单纯的转移成本对经济系统的影响较弱，在存在西部地区拥有较大市场规模的情况下，才考虑向东部地区转移。从另一角度说明，经济一体化程度的提高，市场对"拥挤效应"的回馈越弱。不同于较低水平和中等水平的贸易自由度，转移成本折旧因子对拥有较高水平贸易自由度的经济体影响较弱。

（三）不同贸易自由度下 δ 的影响

不同的贸易自由度往往对应着经济一体化程度不同的市场环境，我们通过对比不同贸易自由度下临界转移成本折旧因子对滚摆线的影响进行说明，如图 5.10~图 5.12 所示。

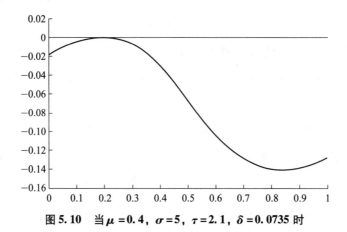

图 5.10　当 $\mu = 0.4$，$\sigma = 5$，$\tau = 2.1$，$\delta = 0.0735$ 时

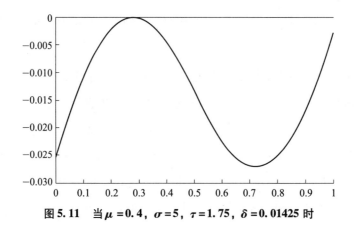

图 5.11　当 $\mu = 0.4$，$\sigma = 5$，$\tau = 1.75$，$\delta = 0.01425$ 时

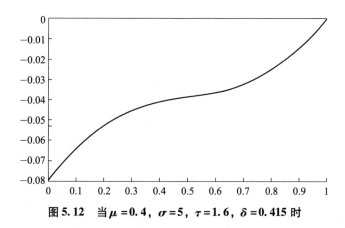

图 5.12　当 $\mu=0.4$, $\sigma=5$, $\tau=1.6$, $\delta=0.415$ 时

处于中等贸易自由度水平的市场结构，在转移成本的影响下，其长期稳定的内点解变得敏感脆弱；随着转移成本的提高，滚摆线的图示说明经济系统更容易保持原始的产业空间分布状态。而针对只有核心-边缘模式的产业空间分布状态，较高水平的贸易自由度对工业劳动力转移成本的"容忍度"远远高于较低水平的贸易自由度，也就是说，较低水平的贸易自由度对转移成本折旧因子的影响较为敏感，很小程度的转移成本就可以导致产业空间的分布状态发生变化。

（四）总的说明

存在工业劳动力转移成本折旧因子的 CP 模型，产业空间分布的滚摆线图发生了明显的变化。不同区域间的工业劳动力流动，必须在弥补了流动过程中的"折旧"损失之后，仍然可以获得大于本地的实际工资水平，才会理性地选择转移。

同样可以发现，不同的市场环境（这里主要指不同的贸易自由度），对劳动力的转移成本影响的反应不同。通常是市场一体化程度较高的环境条件，劳动力转移成本的影响越小，经济系统越能维持原始的产业分布状态。这也和我们现实观察到的情况相同，随着我国交通基础设施等条件的改善，我国劳动力的跨区域转移也越来越容易。

—————— **本章小结** ——————

 经典的 CP 模型在分析经济活动集聚的微观机制中，得到了非常具有说服力的结论。然而，只考察了产品在不同的区域间存在"冰山交易成本"的 CP 模型，忽视了经济系统中重要的参与要素——工业劳动力的跨区域转移也存在成本，而且在发展中国家会由于具有类似于户籍制度等制度安排，这种成本的表现会更为明显。基于此，我们通过引入工业劳动力的转移成本折旧因子进行考察，在经典的 CP 模型上进行拓展。通过观察引入转移成本折旧因子的滚摆线图，探究存在转移成本的工业劳动力的空间分布状态，说明这种转移成本与产业空间分布的影响关系。

 可以获知，存在工业劳动力的转移成本的确对产业的空间分布产生了明显影响，也基本验证了我们对模型构建起初的猜想，具体表现在：一是不存在类似于经典 CP 模型的对称均衡模式，但存在以内点解和"核心－边缘"为代表的长期均衡模式。二是市场规模在新 CP 模型中仍然扮演着重要作用，在具有较低水平的贸易自由度和中等水平的贸易自由度的市场环境下，产业的空间分布对市场规模的要求很高，只有在东部市场达到一定更大的规模下，才会存在工业劳动力的跨区域转移。三是贸易自由度仍然是影响产业空间分布的重要变量，不同的贸易自由度，经济系统将形成不同的长期均衡结构。四是劳动力转移折旧因子 δ 是影响产业空间分布的又一个重要变量，体现了"分散力"的作用，δ 越大越不容易形成经济活动的集聚。具体的表现是，在任何程度的贸易自由度下，δ 越大，滚摆线图越下移直到跟代表产业空间分布的横轴不再相交。五是不同的市场环境对 δ 的敏感度不同。也就是说，市场环境越好，市场的一体化程度越高，工业劳动力的转移成本其影响的效果越弱。

第六章　异质性劳动力流动
与产业空间分布

经济学研究中，往往通过对研究主体"代表性"的合理假设，来分析经济现象背后的形成机制，以此来发掘一般的规律与认识。现实生活中，经济主体之间哪怕是主体所处的环境之间，都存在着显著的区别与差异。在文献综述部分，我们看到通过放松经济主体同质性的假设而引入具有异质性的经济主体的研究，能够发掘一些不同于"代表性"基础上获得的结论，也使得经济研究与分析更贴近现实。同样，在第四章我们看到，随着我国整体从业劳动力素质的提高，劳动者之间的异质性越来越明显。尤其是当下，我国新兴城市分别出台不同的优惠政策，提高本地区对高素质人才的吸引力。劳动者之间的差异，逐渐成为经济发展过程中重要的影响变量。基于以上考虑，异质性主体的模型构建才更能说明发展中的现实问题。

我们基于劳动力的异质性来进行分析，考察异质性劳动力的流动与产业空间分布之间的关系。以往研究劳动力的异质性，多从劳动力的技能水平出发，实证分析中也经常强调劳动力的受教育年限作为技能水平的重要参考变量。这些相关文献，我们已经在第二章作了回顾，这里就不再赘述。本章，我们采用大多数研究者的关于劳动力异质性的分析方法，也是通过将劳动力分为高技能劳动力和低技能劳动力进行区分，以此考察劳动力的异质性。

第五章的研究我们看到，引入工业劳动力的转移成本折旧因子，经典的 CP 模型发生了明显的变化，我们也得到了一些新的结论。在本章，我们延续工业劳动力在区域间转移（流动）存在成本的假设，将劳动力的异质性和劳动力的转移成本共同引入经典的 CP 模型，以期在新的假设条件下，发掘新的理论结论。模型的结论猜想：（1）不同区域内，不同技能的劳动力组合是影响区域市场份额的重要变量，也就是说，区域的劳动力结构是影响经济活动的重要因素；（2）不同技能水平的转移成本折旧因子，对不同技能水平的劳动力市场份额影响不同，尤其是在同一贸易自由度的情况下，这种差别影响更能显现；（3）贸易自由度仍然是影响经济活动的重要变量，往往能决定经济系统在转移成本与异质性经济主体双重约束下的产业分布状态；（4）不同水平的贸易自由度下，市场对不同的劳动力转移成本的反应存在差异；（5）无论是哪一种技能水平的劳动力转移成本，其在模型中扮演着"离心力"的角色，经济系统不存在对称形式的长期均衡状态，而且随着转移成本提高到一定程度，经济系统越难以形成经济活动的聚集。

第一节　模型构建

一、基本模型

（一）模型的假设

由于我们是在经典的 CP 模型基础上进行的扩展，许多基本假设条件在第五章已经有说明，我们这里只针对存在不同的假设进行说明。

（1）在一个 $2 \times 2 \times 2$ 的 CP 模型中，存在两个起初对称的地区，分别是东部地区和西部地区①，每个地区都存在着工业部门（M）和

---

① 也就是说，这两个地区起初在要素禀赋、生产技术水平、区域舒适度、对外开放度等方面都是相同的。所有的西部地区，其变量带有 ＊ 号，以示区别。

农业部门（A），其中工业部门以垄断竞争和规模收益递增为特征，农业部门以完全竞争和规模收益不变为特征。经济系统只使用劳动力为唯一生产要素，其中工业部门使用高技能工业劳动力和低技能工业劳动力进行生产活动，农业部门只使用农业劳动力。

（2）不同于经典的 CP 模型，工业劳动力在区域间的流动存在转移成本，类似于第五章的假设转移成本仍然是空间距离和除空间距离以外的其他变量的函数。其中，高技能工业劳动力的转移成本折旧因子为 η，低技能工业劳动力的转移成本折旧因子为 δ。也就是说，1 单位的高技能工业劳动力在区间流动后，只有（$1-\eta$）单位真实的有效高技能劳动力可以为工业部门生产所用，同样对于低技能劳动力只有（$1-\delta$）的有效低技能劳动力剩余。同时，由于高技能劳动力在获取信息、处理信息等方面存在明显的优势，这里我们要求 $0<\eta<\delta<1$。也就是说，总的来看劳动力的转移成本对高技能水平劳动力的影响远小于其对低技能水平劳动力的束缚。为了保持和经典的 CP 模型的可比性，我们这里假定 1 单位的工业产品需要 c_M 单位的有效工业劳动力进行生产，这里的有效工业劳动力以低技能的工业劳动力为衡量标准。

经济系统中，拥有的农业劳动力数量为 L^A，其中东部地区拥有 L_A，西部地区拥有 L_A^*，满足 $L^A=L_A+L_A^*$；拥有的工业劳动力数量为 L^M，其中东部地区拥有的高技能劳动力数量为 L_h、低技能劳动力的数量为 L_l，既有高技能劳动力的市场份额为 $s_h=L_h/L^h$，低技能劳动力的市场份额为 $s_l=L_l/L^l$；西部地区拥有的高技能劳动力数量为 L_h^*、低技能劳动力数量为 L_l^*，分别占有的市场份额为 s_h^* 和 s_l^*。基于已有文献可知，技能溢价是一个地区高技能劳动力数量的增函数（Coniglio, 2002），参照赵伟、李芬（2007）的处理办法，我们进一步假设区域内高技能工业劳动力和低技能工业劳动力之间存在 $L_h=\left[1+(L_h)^\theta\right]L_l$ 的溢出关系，这里以低技能劳动力作为经济系统的衡量标准，θ 代表高技能劳动力的溢出效应，且 $0 < \theta < 1$。

由以上假设，东部地区拥有的有效劳动力为 $L = (1 - \eta)L_h + (1 - \delta)L_l$，西部地区拥有的有效劳动力为 $L^* = (1 - \eta)L_h^* + (1 - \delta)L_l^*$。若假设经济系统高技能劳动力和低技能劳动力分别为 $L^h = L_h + L_h^* = 1$，$L^l = L_l + L_l^* = 1$，则经济系统共有有效流动力的数量为 $L^w = L + L^* = 2 - \eta - \delta$。

（二）短期最优决策行为

1. 消费者行为：效用最大化

假设两个地区的消费者具有相同的偏好，代表性消费者通过消费农产品和多样化工业产品实现效用的最大化。消费者的效用函数采取嵌套的 CD 型式的效用函数 $U(A, M)$：

$$U = A^{1-\mu}M^\mu$$

$$M = \left[\int_0^{n+n^*} m_i^{(\sigma-1)/\sigma} di \right]^{\sigma/(\sigma-1)}$$

其中，A 为代表性消费者对农产品的消费，M 为一系列差异化的工业品消费组合，采用不变替代弹性（CES）型函数型式，m_i 为消费者消费 i 种类的工业品的消费数量，μ 是代表性消费者在工业品消费上的支出份额，满足 $0 < \mu < 1$；n 为东部地区生产的差异化工业品种类，n^* 为西部地区生产的差异化工业品种类，整个经济系统所有工业品种类 $n^w = n + n^*$；σ 为不同工业种类产品之间的替代弹性，反映了各种类产品之间的替代关系，σ 越大表示产品之间的替代关系越强；由于消费者偏好多样化的工业品消费，即有 $\sigma > 1$。

进一步假设变量 $\rho(0 < \rho < 1)$ 代表消费者的多样化偏好强度，其中 $\rho = (\sigma - 1)/\sigma$，$\rho$ 越接近 0 表示消费者的多样化偏好强度越大，越接近 1 表示消费者的多样化偏好强度越小。东部地区农产品的价格为 P_A，东部不同种类 i 的工业产品价格为 p_i，消费者的收入来源于农业劳动力和工业劳动力的支出，由于假设经济系统不存在储蓄，支出等

于收入，其中东部地区的收入为 Y，西部地区的收入为 Y^*。

由第五章可知，代表性消费者的最优消费组合：

$$M = \mu Y / P_M$$

$$A = (1 - \mu) Y / P_A$$

也可以看出，这里的变量 μ 恰好是消费最优的工业品组合时代表性消费者的工业支出份额。在各种产品价格和收入已知的情况下，通过最优的消费组合代表性消费者达到效用最大化，其间接效用函数可以表示为：

$$U_{\max} = (1 - \mu)^{1-\mu} \mu^{\mu} P_A^{-(1-\mu)} P_M^{-\mu} Y$$

进一步可以得出，东部地区的完全价格指数为 $P = P_A^{1-\mu} P_M^{\mu}$。

2. 生产者行为：利润最大化

在一定的技术条件和各种商品的价格已知情况下，满足消费者对各种产品的需求，恰好能够使各种市场出清的最优生产，生产者获得最大化利润。

（1）农业部门。同第五章，其他的描述不赘述。东部地区农产品总的消费量为 A，西部地区农产品总的消费量为 A^*，由消费者效用最大化条件可知，整个经济系统农业部门的出清条件为：

$$(1 - \mu)(Y + Y^*) / P_A = l_A^w / c_A$$

（2）工业部门。工业部门以垄断竞争和规模收益递增为特征，消费者多样化偏好是厂商生产具有规模收益递增的源泉，代表性厂商使用固定成本 F 和有效工业劳动力作为可变成本进行生产，而且一个较强的假设条件是，每个厂商的固定成本都一样。有效工业劳动力的工资为 w，这里是以低技能劳动力作为计价标准，也就是说，1 单位的低技能工业劳动力的工资为 w，以代表性厂商的利润最大化行为作为分析的考察点。假设生产 1 单位 i 种类的产品需要 c_M 单位的有效工业劳动力，生产 m_i 单位的产品需要的有效工业劳动力 $C = F + c_M m_i$。为了实现利润最大化，第 i 种产品的厂商的利润 π_i 需满足以下条件：

$$\max_{p_i, m_i} \pi_i = p_i m_i - Cw$$

$$\text{s. t. } m_i = \mu Y(p_i^{-\sigma}/P_M^{1-\sigma})$$

得出产品价格及厂商的生产规模：

$$p_i = \frac{wc_M}{1 - 1/\sigma}$$

$$m_i = \frac{(\sigma - 1)F}{c_M}$$

可以发现，p_i 和 m_i 的表达式是不包含任何与种类 i 相关的变量，因此可以看出，经济系统所有种类的产品其定价策略与厂商的产量均相同。这与经典的 CP 模型得出的厂商价格和厂商的生产规模一致，只不过这里是在有效劳动力的假设基础上得出表达式。同样可知，代表性厂商生产 m_i 单位的有效劳动力为：

$$C = c_M m_i + F = \sigma F$$

由前假设，东部地区拥有的厂商数量 $n = [(1 - \eta)L_h + (1 - \delta) L_l]/\sigma F$，西部地区拥有的厂商数量 $n^* = [(1 - \eta)L_h^* + (1 - \delta) L_l^*]/\sigma F$；经济系统共拥有产品种类 $n^w = n + n^*$，其中东部拥有的产业份额 $s_n = n/n^w$，西部地区拥有的产业份额 $s_n^* = n^*/n^w$。如果进一步假设 $F = 1/\sigma$，则可以发现空间上高低技能水平的工业劳动力的数量与分布发生变化，决定了不同区域拥有的产品种类数量，进而决定了产业在经济系统内的空间分布。于是，可以通过研究高低技能工业劳动力的空间分布状态，来探究产业的内生空间分布。

由于价格的表达式是与产品种类无关的一个函数，因此可以进一步假设东部地区生产的产品，其在东部地区市场的销售价格为 $p = \frac{wc_M}{1 - 1/\sigma}$，$w$ 为东部地区低技能工业劳动力的工资；在西部地区市场的销售价格就为 $p^* = \tau p$；西部地区生产的产品，在西部地区市场的销售

价格为 $\bar{p}^* = \dfrac{w^* c_M}{1 - 1/\sigma}$，其中 w^* 为西部地区工业劳动力的工资，在东部地区市场的销售价格为 $\bar{p} = \tau \bar{p}^*$。由于东部地区厂商的销售收入都用于支付高技能和低技能工业劳动力的工资，于是有：

$$w_h L_h + w L_l = n \sigma F w$$

则东部地区高技能劳动力工资 $w_h = \left[(1 - \eta) - \dfrac{\delta}{1 + (L_h)^\theta} \right] w$，可知高技能劳动力的工资随着高技能劳动力的聚集而增加；同样可知，西部地区高技能劳动力工资：

$$w_h^* = \left[(1 - \eta) - \dfrac{\delta}{1 + (L_h^*)^\theta} \right] w^*$$

由于消费者偏好多样化产品的消费，产量为 m_i 的第 i 种产品必须满足东部地区和西部地区两个市场的需求。以东部地区为例，假设在东部市场的销售量为 x_i，西部市场的销售量为 x_i^*；由于工业产品存在冰山交易成本 τ，第 i 种产品的市场出清条件必须满足：$m_i = x_i + \tau x_i^*$。垄断竞争的市场条件，要求代表性厂商的所有销售收入都用来支出给雇用的有效工业劳动力。即种类 i 产品的销售收入：

$$R = (\sigma F) w$$

$$R = p m_i = p (x_i + \tau x_i^*)$$

由第五章可知，东部地区低技能劳动力的工资：

$$w^\sigma = \dfrac{\mu Y^w}{\sigma F n^w} B$$

同理，
$$(w^*)^\sigma = \dfrac{\mu Y^w}{\sigma F n^w} B^*$$

不同的两个地区，分别的价格水平为 $P = P_M^\mu P_A^{1-\mu}$ 和 $P^* = (P_M^*)^\mu P_A^{1-\mu}$，进而可以求出东部地区和西部地区工业劳动力真实的工资水平为：$\omega = w/P$ 和 $\omega^* = w^*/P^*$。

接下来，我们根据前文的假设求每个地区的市场规模。由于：

$$Y = w_A l_A + w_h L_h + w L_l$$

$$Y^* = w_A^* l_A^* + w_h^* L_h^* + w^* L_l^*$$

$$Y^w = Y + Y^*$$

而且，

$$w_h L_h + w L_l = \mu Y$$

$$w_h^* L_h^* + w^* L_l^* = \mu Y^*$$

于是可知：$s_Y = (1 - \mu) \left(\dfrac{1}{2} + \dfrac{w_h L^h}{L_A^w} s_h + \dfrac{w L^l}{L_A^w} s_l \right)$

可以看出，区域市场规模可以看作是农业劳动力份额、高技能工业劳动力份额和低技能劳动力市场份额的加权平均，这些权重由内生的工业品支出份额、高技能劳动力的工资、低技能劳动力的工资和农业劳动力的工资和区域劳动力禀赋共同决定，也符合我们起初对模型构建的猜想。

二、劳动力空间分布方程

由于模型是在经典 CP 模型基础上进行的拓展，由推演可知，影响经济系统内生集聚的机制并没有发生变化，也就是说，"本地市场扩大效应"和"生活成本效应"的循环累积因果关系的作用依然存在。只不过，我们假设模型中工业劳动力的流动存在转移成本，而且工业劳动力又具有高技能水平和低技能水平之分。

为了简化分析，我们假设代表性厂商的固定成本 $F = 1/\sigma$，经济系统高技能劳动力和低技能劳动力分别为 $L^h = L_h + L_h^* = 1$，$L^l = L_l + L_l^* = 1$，经济系统共有有效流动力的数量为 $L^w = L + L^* = 2 - \eta - \delta$。

于是，$\qquad s_n = \dfrac{n}{n^w} = \dfrac{(1 - \eta) L_h + (1 - \delta) L_l}{2 - \eta - \delta}$

我们可以通过考察高、低技能水平的工业劳动力的区域空间分布研究产业的空间分布。我们知道，工业劳动力在不同区域间的流动，源于不同区域间真实的工资差额，在引入劳动力转移成本折旧因子之后，我们可以这样表达劳动力的空间流动方程（以西部市场劳动力市场份额变化为例）：

$$\dot{s}_l^* = \left[(1 - \delta)\omega - \omega^* \right] s_l^* (1 - s_l^*)$$

$$\dot{s}_h^* = \left[(1 - \eta)\omega_h - \omega_h^* \right] s_h^* (1 - s_h^*)$$

由于存在高技能工业劳动力和低技能工业劳动力，而且二者的转移折旧成本存在差异。我们分别来看：针对$\dot{s}_l^* = \left[(1 - \delta)\omega - \omega^* \right] s_l^* \cdot (1 - s_l^*)$，西部地区的低技能工业劳动力只有在消弭了转移成本折旧因子对真实低技能劳动力工资的影响下，才能考虑转移到东部地区从事工业生产活动。由劳动力的空间流动方程，当低技能工业劳动力不再流动，即$\dot{s}_l^* = 0$时，存在着模型的均衡解。

针对$\dot{s}_h^* = \left[(1 - \eta)\omega_h - \omega_h^* \right] s_h^* (1 - s_h^*)$，西部地区的高技能工业劳动力只有在消弭了转移成本折旧因子对真实高技能劳动力工资的影响下，才能考虑转移到东部地区从事工业生产活动。由劳动力的空间流动方程，当高技能工业劳动力不再流动，即$\dot{s}_h^* = 0$时，存在着模型的均衡解。

可知，在以下两种情况下经济系统达到稳定：一是内点解，即东西部地区均有工业劳动力分布的空间均衡点；二是角点解，即核心-边缘结构的劳动力空间分布均衡点。

第二节　模型的数值模拟与分析

我们研究的重点是通过引入劳动力转移成本折旧因子，考察高、低技能工业劳动力的跨区域转移与产业空间分布的关系，可以将主要的关注点集中在劳动力的空间流动方程上。由于模型的各种内生变量的解都不存在显性解，我们只能通过数值模拟的方法，图解存在转移成本折旧因子对劳动力空间流动方程的影响，从图形中发掘新的结论。

一、标准化

为了模拟的方便，我们按照一般新经济地理学模型的处理办法，对一些变量作标准化处理：在农业部门，假设生产单位农产品需要的农业劳动力投入 $c_A = 1$；经济系统中农产品的销售价格 $P_A = P_A^* = 1$；这样一来，由于农产品采用边际成本定价，所以 $w_A = w_A^* = 1$。假设经济系统共有农业劳动力 $l_A^w = (1-\mu)/\mu$，完全竞争的农业部门则有 $l_A = l_A^* = l_A^w/2$，而且 $l_A^w = (1-\mu)/\mu$。

工业部门，假设生产 1 单位的种类 i 产品需要工业劳动力 $c_M = 1 - 1/\sigma$；厂商的固定成本 $F = 1/\sigma$；$L^h = L_h + L_h^* = 1$，$L^l = L_l + L_l^* = 1$，则经济系统共有有效流动力的数量为 $L^w = L + L^* = 2 - \eta - \delta$；$s_n = \dfrac{n}{n^w} = \dfrac{(1-\eta)L_h + (1-\delta)L_l}{2 - \eta - \delta}$；进一步假设经济系统的总收入 $Y^w = 1/\mu$，高技能劳动力的溢出系数[①] $\theta = 0.2$。

于是有：

$$w^\sigma = \frac{1}{2 - \eta - \delta} B \, , \, (w^*)^\sigma = \frac{1}{2 - \eta - \delta} B^*$$

$$s_Y = (1 - \mu)\left\{ \frac{1}{2} + \frac{\mu w}{1 - \mu}\left[(1 - \eta)L_h + (1 - \delta)L_l \right] \right\}$$

在以上假设的基础上，在不同大小的贸易自由度情况下，我们考察高、低技能工业劳动力的空间流动滚摆线图。

[①] 为了模型模拟的需要，我们 θ 的取值参照高云虹、符迪贤（2015）在《异质性劳动力与工业空间集聚——基于中心–外围模型的扩展分析》一文中对变量的赋值。

二、模拟的滚摆线图与分析

我们这里以东西部地区工业劳动力的实际工资作为参考的标准，进行数值模拟的滚摆线图。其中共涉及七个比较重要的内生变量，即 η、δ、τ、L_h、L_l、L_h^*、和 L_l^*，这里由于 $L_h + L_h^* = 1$ 和 $L_l + L_l^* = 1$，每个地区的工业劳动力的数量即为该类型工业劳动力的占比。在模拟分析的过程中，我们从区域要素对称分布的起始状态出发，先固定某一种类型的劳动力数量来考察另一种类型劳动力数量的相对关系与其他几个变量（η、δ 和 τ）之间的内在联系，这也符合我们 CP 模型中从劳动力流动方程中得出的存在内点解与角点解的逻辑。而且，由于总的产品种类 $n^w = 2 - \eta - \delta$，η 或 δ 的任何一个改变均会影响经济系统的运行状态，只是这里变量作用的大小存在区别。同样需要提前强调的是，通过模型推算我们可以发现，变量 τ 在模型中扮演着重要作用，这在模拟迭代中可以显示其决定性的作用。以下滚摆线图所有 $\mu = 0.4$，$\sigma = 5$，纵坐标为相关技能工业劳动力的实际工资差，横坐标为西部地区相关技能工业劳动力的市场份额。需要提前说明的是，由于这里面引入的变量较多，不同的 η、δ 和 τ 值，滚摆线的图像与位置均会发生变化，我们这里只选取了以 $\tau = 2.1$ 作为参考的贸易自由度考察不同类型的转移成本对经济系统的影响。

（一）当 $L_h^* = 1/2$ 时，考察低技能劳动力市场份额的变化

在这种情况下，我们限制高技能劳动力的自由流动，使其在两个区域平均分布。高技能工业劳动力不再流动，然而 η 的"耗损"作用仍然存在，高技能劳动力的工资也会由于经济系统内生变量的改变而发生变化。正如在第五章的假设一样，通过考察低技能劳动力在东西部区域间的实际工资差额是如何影响低技能工业劳动力的市场份额变化的。

1. 当不存在转移成本折旧因子的影响时，即 $\eta = 0$，$\delta = 0$，可得图 6-1。

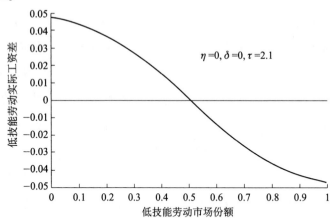

图 6.1　当不存在转移成本折旧因子时

这与经典的 CP 模型一致，这里就不再讨论。下面对高技能工业劳动力也不再赘述。

2. 当 η 和 τ 不变，δ 发生变化时，可得图 6.2 ~ 图 6.4。

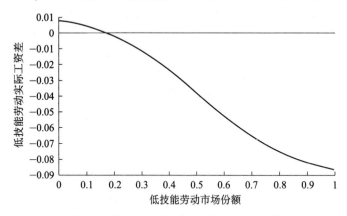

图 6.2　当 $\eta = 0.05$，$\delta = 0.06$，$\tau = 2.1$ 时

总的来说，当存在转移成本折旧因子时，对称均衡的长期稳定的内点解在图像中是不存在的。除此还可以看出，在 $\tau = 2.1$ 较低的贸易自由度市场环境下，经济系统只存在"核心-边缘"的长期稳定结构。而且 δ 是影响经济系统低技能工业劳动力市场份额的一个重要变

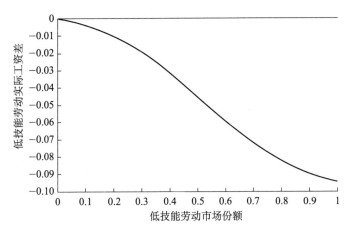

图 6.3　当 $\eta = 0.05$，$\delta = 0.0715$，$\tau = 2.1$ 时

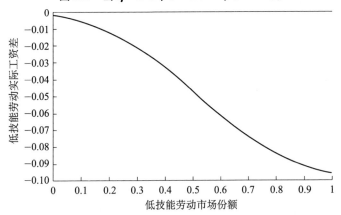

图 6.4　当 $\eta = 0.05$，$\delta = 0.074$，$\tau = 2.1$ 时

量，相较于不存在转移成本折旧因子影响的模型来说，随着 δ 的增加，滚摆线向下移动，直到超过某一个数值，经济系统将不存在低技能工业劳动力的流动。在一定范围内（如 $0 < \delta < 0.0715$），东部地区的市场份额只有在超过一定的范围内，给低技能工业劳动力的工资才能弥补由于转移成本折旧因子 δ 的存在而造成的损失，进而西部地区的低技能劳动力才会考虑向东部转移。由经典的 CP 模型可以了解到，当存在工业劳动力转移成本时，在较低贸易自由度的市场环境下，区域市场规模的大小在经济系统中体现了更为重要的"本地市场规模效应"。

当我们试着放松对 η 的考察时发现：若 δ 和 τ 不变，改变高技能工业劳动力的折旧成本，η 对低技能工业劳动力的市场份额的影响效果和该部分的讨论一致。

3. 当 η 和 δ 不变，而 τ 发生变化时，可得图 6.5 ~ 图 6.7。

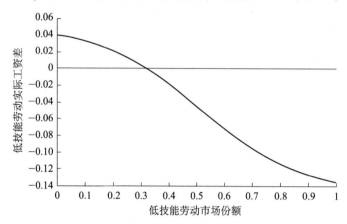

图 6.5　当 $\eta = 0.05$，$\delta = 0.0715$，$\tau = 2.5$ 时

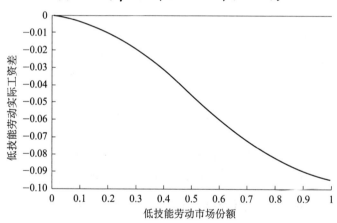

图 6.6　当 $\eta = 0.05$，$\delta = 0.0715$，$\tau = 2.1$ 时

对低技能工业劳动力空间分布来说，当只改变市场的贸易环境时，随着贸易自由度越来越大，低技能工业劳动力的滚摆线图下移，体现了经济系统中低技能工业劳动力越不容易形成聚集。这可能与经济发展的状态有关系，当经济发展到较高的水平，低技能的劳动力如简单的生产性服务业，每个经济系统都需要这种技能类型的工业劳动力作为经济支撑，该技能类型的工业劳动力则不会单纯地发生在某一

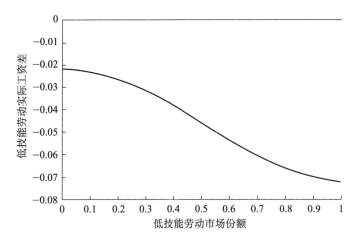

图 6.7　当 $\eta = 0.05$，$\delta = 0.0715$，$\tau = 1.9$ 时

个空间范围发生的集聚。

　　我们知道，即使高技能工业劳动力在东、西部地区平均分布，区域间低技能工业劳动力的实际工资差额也影响两个地区之间高技能劳动力的工资差异，虽然我们这里限制了高技能工业劳动力的流动，高技能劳动力的实际工资差额也势必会作用于低技能工业劳动力的空间分布。以下我们分析这种作用关系。

　　4. 当 η 和 τ 不变，δ 变化时，高技能劳动力的实际工资差与低技能工业劳动力的空间分布滚摆线，可得图 6.8 ~ 图 6.10。

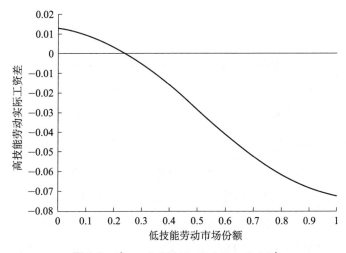

图 6.8　当 $\eta = 0.05$，$\delta = 0.1$，$\tau = 2.1$ 时

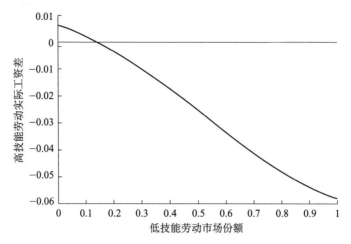

图6.9 当 $\eta = 0.05$，$\delta = 0.5$，$\tau = 2.1$ 时

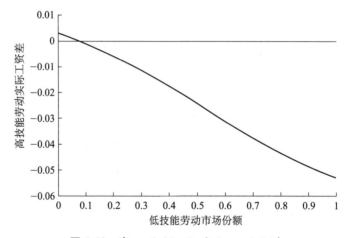

图6.10 当 $\eta = 0.05$，$\delta = 0.6$，$\tau = 2.1$ 时

　　由滚摆线图可知，随着 δ 的增加，滚摆线图下移，说明：当低技能工业劳动力的转移成本逐渐增加时，西部地区的低技能工业劳动力要想转移到东部地区从事工业生产活动，东部地区的市场规模必须达到一个更大的规模，才能够弥补由于转移成本而"损失"的实际工资差额。同时，我们还可以发现，在高技能工业劳动力的实际工资差额反过来作用于低技能劳动力市场份额时，滚摆线在下移的过程中越来越直，意味着经济系统对较高的转移成本反应越敏锐，也就是说转移

成本越高其影响作用越明显。

同样，当我们固定 δ 和 τ 不变而试着放松 η 时，高技能工业劳动力的转移成本对低技能工业劳动力的市场份额影响如第 3 部分描述的一致，但有一个比较明显的区别是：当 η 在 $\eta < \delta$ 的范围内取值时，不存在由于高技能劳动力的转移成本而导致低技能工业劳动力不流动的现象，也就是说，滚摆线图永远不可能下降到横坐标以下。

同样的情况适用于当我们固定 η 和 δ 而放松 τ 时，考察高技能工业劳动力的实际工资差额对低技能工业劳动力份额的影响关系。

（二）当 $L_l^* = 1/2$ 时，考察高技能劳动力市场份额的变化

在这种情况下，我们限制低技能劳动力的自由流动，使其在两个区域平均分布。低技能工业劳动力不再流动，然而 δ 的"耗损"作用仍然存在，低技能劳动力的工资也会由于经济系统内生变量的改变而发生变化。考察高技能劳动力在东西部区域间的实际工资差额是如何影响高技能工业劳动力的市场份额变化的。

1. 当 δ 和 τ 不变，而 η 变化时，高技能劳动力的实际工资差额与高技能工业劳动力的市场份额变化关系，可得图 6.11 ~ 图 6.13。

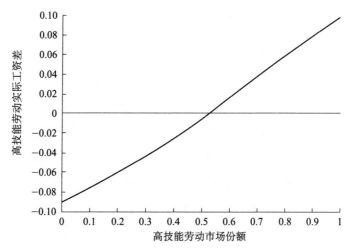

图 6.11　当 $\eta = 0.01$，$\delta = 0.0715$，$\tau = 2.1$ 时

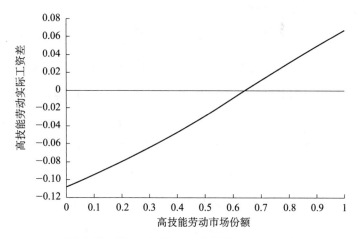

图 6.12　当 $\eta = 0.05$，$\delta = 0.0715$，$\tau = 2.1$ 时

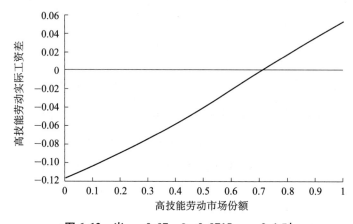

图 6.13　当 $\eta = 0.07$，$\delta = 0.0715$，$\tau = 2.1$ 时

可以看出：当存在转移成本折旧因子时，对称均衡的长期稳定的内点解在图像中是不存在的。虽然如此，在 $\tau = 2.1$ 较低的贸易自由度市场环境下，经济系统只存在东、西部地区高技能劳动力都有分布的长期稳定的内点解结构。而且 η 是影响经济系统低技能工业劳动力市场份额的一个重要变量，相较于不存在转移成本折旧因子影响的模型来说，随着 η 的增加，滚摆线向下移动。由于 η 的值存在 δ 的上限限制，我们可以推测随着我们校订合适的 δ 值，η 值的增加将导致此种条件下滚摆线图完全处于横轴之下的情况，也就是说，在一定的 δ

和 η 值的影响下,经济系统将不存在高技能工业劳动力的流动。

2. 当 η 和 τ 不变,而 δ 变化时。低技能劳动力的转移成本折旧因子对高技能工业劳动力空间分布的影响,可得图 6.14 ~ 图 6.16。

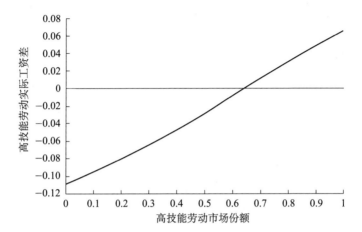

图 6.14 当 $\eta = 0.05$,$\delta = 0.055$,$\tau = 2.1$,$L_1 = 0.5$ 时

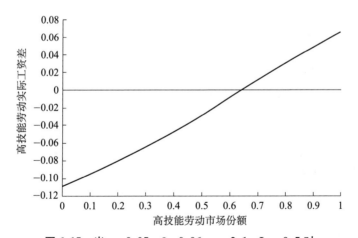

图 6.15 当 $\eta = 0.05$,$\delta = 0.06$,$\tau = 2.1$,$L_1 = 0.5$ 时

可知,随着 δ 的变化,高技能工业劳动力市场份额的滚摆线图也将向下移动,但是这种移动的幅度相较于 η 对其的影响较弱。通过观察,我们可以发现另一个规律:随着 δ 的增加,高技能工业劳动力份额的变化对低技能工业劳动力的转移成本的敏感度在下降,体现在滚

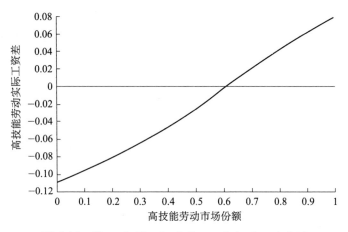

图 6.16　当 $\eta = 0.05$，$\delta = 0.5$，$\tau = 2.1$，$L_1 = 0.5$ 时

摆线随着 δ 的增加变得越来越凸凹有致，δ 值越小滚摆线越直。这里面还有一个结论就是，无论 δ 怎么变化，滚摆线图都与横轴有交点；也就是说，对于低技能工业劳动力不流动的市场环境下，影响高技能工业劳动力分布的仍然是 η 和 τ 在起主要的作用。

　　3. 当 η 和 δ 不变，而 τ 变化时，考察经济系统贸易环境的改变时，高技能劳动力的实际工资差额与高技能工业劳动力的空间分布之间的关系，可得图 6.17 ~ 图 6.19。

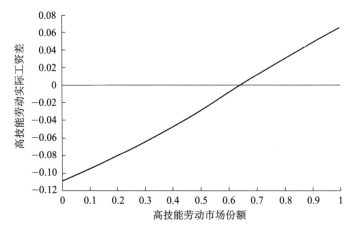

图 6.17　当 $\eta = 0.05$，$\delta = 0.0715$，$\tau = 2.1$，$L_1 = 0.5$ 时

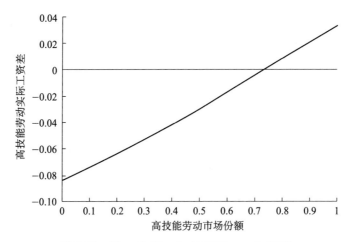

图 6.18　当 $\eta=0.05$，$\delta=0.0715$，$\tau=1.75$ 时

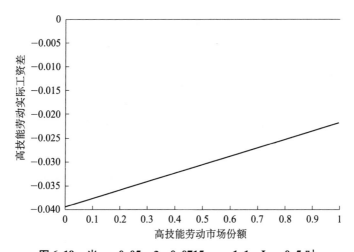

图 6.19　当 $\eta=0.05$，$\delta=0.0715$，$\tau=1.1$，$L_1=0.5$ 时

可知，随着贸易自由度的提高，高技能劳动力实际工资差额与高技能劳动力市场份额的滚摆线图逐渐右移并向下，直到市场的一体化程度达到一定的程度，在相对的 η 和 δ 的作用之下，滚摆线图处于横轴以下，经济系统的高技能工业劳动力不再能够进行流动。滚摆线向右移动，说明随着市场环境条件的改善，高技能工业劳动力对转移成本能够有较强的"容忍性"，西部地区能够在较大的市场规模下而不发生工业劳动力的流失。滚摆线向下移动，意味着良好的市场环境，经济系统对整体转移成本的敏感性较强，转移成本的存在能够较大程度地影响高技能工业劳动力的市场空间分布状态。这一特性，也充分体现在随着经济系统贸易自由度的提高，滚摆线图变得越来越直。

当限制低技能工业劳动力的流动时，高技能工业劳动力的实际差额也会影响到低技能工业劳动力的实际差额，进而也会影响高技能劳动力的市场份额。但是我们通过模拟发现，这种影响作用相对较弱，在我们模拟的过程中，这种影响几乎可以忽略。这种相对的差异影响，可能与高技能劳动力存在工资的技能外溢有关。也就是说，在一定的市场环境条件下，高技能劳动力实际工资的变化能够较大程度地影响低技能劳动力的市场份额的变化，而反过来，这种影响就不存在了。我们这里也不再进行图像说明。

然而，由于 τ 具有决定整个经济系统环境的重要作用，在我们考察低技能工业劳动力的实际工资差额对高技能工业劳动力市场份额的影响过程中，虽然 η 和 δ 的影响不明显，但是 τ 的影响效果却不能忽略，显示了较强的内生关系，如第 4 部分的说明。

4. 当 η 和 δ 不变，τ 变化时，低技能工业劳动力的实际工资差额对高技能工业劳动力市场份额变化的影响，可得图 6.20 ~ 图 6.22。

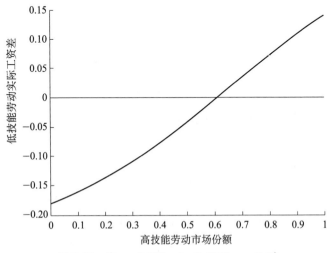

图 6.20　当 $\eta=0.007$，$\delta=0.0715$，$\tau=3$ 时

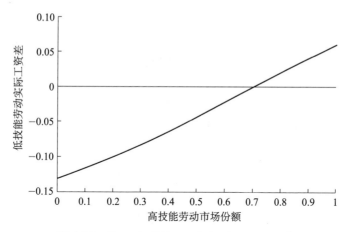

图6.21　当 $\eta = 0.007$，$\delta = 0.0715$，$\tau = 2.1$ 时

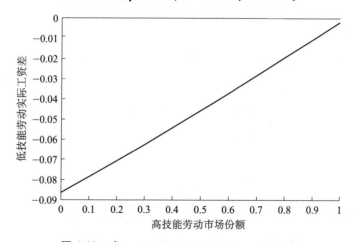

图6.22　当 $\eta = 0.007$，$\delta = 0.0715$，$\tau = 1.5$ 时

随着贸易自由度的提高，低技能劳动力实际工资差额与高技能劳动力市场份额的滚摆线图逐渐右移并向下，直到市场的一体化程度达到一定的程度，在相对的 η 和 δ 的作用之下，滚摆线图处于横轴以下，经济系统的高技能工业劳动力不再能够进行流动。这种特性，完全符合高技能劳动力的实际工资差额与高技能劳动力市场份额的滚摆线图，随着贸易自由度的改变，体现了相同的特征，这一点也充分说明了贸易自由度在决定市场结构方面具有决定性的重要影响。

—————— 第三节 经验分析 ——————

一、变量的选取与说明

基于数据的可获得性，我们以第四章处理的宏观数据作为标准，选取了 2001～2011 年全国 31 个省区市（不包括新疆和港、澳、台地区）的面板数据进行回归分析。需要强调的是，所有变量的选取，充分参照了已有的研究成果。其中，将非农产业集聚度 ag_{it} 作为被解释变量，ag_{it} 表示 t 时刻地区 i 的非农产业与该地区国土面积的比值，具体公式：$ag_{it} = ng_{it}/area_i$，其中 ng_{it} 为 t 时刻地区 i 第二产业和第三产业增加值总和，$area_i$ 为地区 i 的国土面积；以此表示单位平方公里所拥有的非农产业增加值。选取就业结构、劳动力转移成本、贸易自由度以及人口占比作为被解释变量，具体如下。

em_{it} 为就业结构，表示 t 时刻区域 i 低技能从业人员与高技能从业人员的比值，考察高、低技能水平的劳动力在经济活动中的影响。根据前面公式可知，区域市场规模与该区域的就业结构存在重要的相关关系，由于高技能存在技能溢出效应，可以推测地区 i 高技能从业人员的总量越多，也就是 em_{it} 的比值越小，区域非农产业集聚度将会越大。

$density_{it}$ 为劳动力转移成本的虚拟变量。我们这里以 t 时刻区域 i 的铁路与公路的交通密度的倒数来衡量劳动力转移成本的高低变化。具体公式：$density_{it} = area_i/(ra_{it} + ro_{it})$，其中 ra_{it} 为 t 时刻区域 i 内铁路通车总里程，ro_{it} 为 t 时刻区域 i 内公路通车总里程；由模型结论可知，劳动力的转移成本是影响经济活动集聚的一个决定性因素，这里单位平方公里的通车里程越多，意味着该区域的通达性越良好，劳动力的转移成本就会越小。

$freedom_{it}$ 为贸易自由度，贸易自由度衡量了一个地区对外经济活动的依赖性，同时也是区域市场化程度的重要参考指标。我们这里用 t 时刻地区 i 的进出口总额与该地区 GDP 的比值来代表该区域的贸易自由度。

$radio_{it}$ 为 t 时刻区域 i 总人口占比，具体公式：$radio_{it} = po_{it}/po_t$，其中 po_{it} 为 t 时刻区域 i 的年度总人口数，po_t 为 t 时刻全国总人口数。第四章的特征化事实分析，我们了解到我国存在劳动力流动与经济集聚的"完美"耦合，往往经济较为发达的地区也是人口较为密集的区域。因此，我们选取区域总人口占比，考察这种相关关系的强度。为了解决异方差问题，所有变量均取了对数（见表6.1）。

表6.1　　　　　　　　　　各变量描述统计

变量	观察值	均值	标准差	最小值	最大值
非农产业集聚度	341	1307.737	3538.099	0.83	30271.03
就业结构	341	77.53469	173.8028	2.09	1332
劳动力转移成本	341	4.221466	6.085274	0.4	34.57
贸易自由度	341	0.331173	0.4176162	0.04	1.74
人口占比	341	3.225924	2.048849	0.21	7.84

二、模型的构建

为了验证我们模型模拟的结论，我们进行实证分析，通过构建计量经济学模型，验证劳动力的转移成本（外在因素）与劳动力的异质性（内在因素）在经济集聚过程中的重要作用。根据第五章和第六章的理论分析，构建面板数据模型：

$$\ln ag_{it} = \alpha_i + \sum_j \alpha_j \ln X_{jit} + \varepsilon_{it}$$

其中，下标 i 和 t 分别代表第 i 省和第 t 年，α_j 为回归系数，ε_{it} 为残差项。$\ln ag_{it}$ 代表非农产业集聚度；$\ln X_{jit}$ 代表解释变量即就业结构、劳动力转移成本、贸易自由度以及人口占比。

三、计量结果与分析

面板数据模型涵盖混合面板模型、固定效应模型和随机效应模型，因此为了准确地估计结果，要在三个模型中进行选择。通过混合面板模型的回归结果可以看出（见表6.2），F统计量的P值为0，因此在混合效应模型和固定效应模型中，应该选择固定效应模型；对于是选择固定效应模型还是随机效应模型，需要 Hausman 检验，结果表明显著拒绝原假设，最终选择固定效应模型。

表6.2 面板数据模型的回归结果

自变量	混合效应	固定效应	随机效应	固定效应（无就业结构）
常数项	8.893505 *** (0.3313347)	7.327688 *** (0.3139164)	8.285748 *** (0.1717076)	5.222482 *** (0.3458686)
就业结构	−0.400566 *** (0.0925969)	−0.4826971 *** (0.0354176)	−0.5012252 *** (0.0362105)	
劳动力转移成本	−1.19548 *** (0.1370237)	−0.9151168 *** (0.0398511)	−0.9281432 *** (0.0407013)	−1.21107 *** (0.0422902)
贸易自由度	0.5968244 *** (0.0882223)	0.0243119 (0.0545379)	0.2476613 *** (0.0486025)	0.0387132 (0.0690108)
人口占比	0.2720172 *** (0.1028836)	1.015936 *** (0.2988121)	0.453098 *** (0.0870829)	1.668305 *** (0.3732957)
R^2	0.9415	0.7426	0.9091	0.5554
F统计量	229.17	413.64		305.66
Wald 值			1852.82	
F统计量的P值	0.0000	0.0000		0.0000
Wald 值的P值			0.0000	
Hausman 检验P值			0.0000	

注：*** 表示在1%水平上显著；括号内数字是标准差。

从固定效应估计的结果来看，当我们不考察劳动力的就业结构这一解释变量时，并不改变经济计量的整体框架，尤其是各个主要解释变量系数的正负以及显著性。但是可以发现，不包含劳动力高、低技能水平从业人数相对比值变化的解释变量组合，只能解释非农产业集聚度产生原因的 55.54%，而至少有 18.72% 的部分，可以由劳动力高、低技能水平从业人员相对比值来解释。从这一点我们也可以看出，包含劳动力异质性的经济计量模型和理论分析模型是建模中必须要考量的重要经济变量，以往的模型分析的确会因为缺失了对劳动力异质性的考察而降低模型结论的可靠性。

包含劳动力高、低技能水平从业人数比值的经济计量模型，从固定效应估计的结果可知，非农产业集聚度与就业结构负相关，说明经济系统中高技能劳动力的从业人数占比越大，其对经济活动的集聚效果越明显。这也和我们模型中关于区域市场规模受高、低技能劳动力的份额制约，而且高技能劳动力对经济系统的影响相较于低技能劳动力的影响更大的判断是一致的。

非农产业集聚度与交通密度的倒数负相关，说明随着区域交通密度的增加，劳动力的转移成本降低，越有利于非农产业在区域内的集聚。在引入劳动力转移成本的 CP 模型中，随着劳动力转移成本的增加，产业在区域间越不容易自由流动，直到劳动力转移成本增加到一定程度时，不存在任何形式的产业转移。

而贸易自由度虽然与非农产业集聚度正相关，但是却不显著的，这可能是由于我国在经济发展的整体过程中，不断地调整经济增长结构（这种调整变化我们在第四章已有论及），使得贸易自由度对非农产业集聚度的作用并不存在持续的正向作用。

从固定效应估计的结果还可以看出，区域人口占比与非农产业集聚度正相关。说明随着区域人口规模的增加，非农产业越倾向于在该区域聚集，这和我们模型中区域市场规模由农业劳动力和工业劳动力共同决定的论断是一致的。也在一定程度上，呼应了人口规模是市场潜能的一个重要参考指标，有利于形成区域聚集的向心力。

———— 本章小结 ————

通过本章的论述，我们发现劳动力的异质性在经济系统中具有重要的影响作用，引入了劳动力的异质性以及劳动力的转移成本的 CP 模型，我们通过模拟的滚摆线图以及经验分析可以得出以下结论。

一是，高技能劳动力由于具有技能溢出效应，对低技能劳动力市场份额的影响较为明显，而反过来的作用效用就可以忽略。

二是，不同技能的劳动力组合是影响区域市场份额的重要变量，也就是说，区域劳动力的市场结构是影响经济活动的重要因素，这体现在区域市场规模的方程中。同样，由于高、低技能工业劳动力之间的关系，他们的相对工资差异在一定的市场条件下，影响并决定了相对的劳动力市场份额的变化。

三是，劳动力的转移成本是影响经济系统的重要变量。正是由于转移成本的存在，经济系统不存在对称均衡的长期稳定内点解。往往都是随着转移成本的提高，同一技能类型的工业劳动力将有效约束该技能类型的劳动力的跨区域流动。由于低技能劳动力具有较大的转移成本折旧因子，高技能的工业劳动力的实际工资差额对高技能工业劳动力市场份额的影响，受低技能转移成本折旧因子的限制。

四是，贸易自由度仍然是影响经济活动的重要变量，往往能决定经济系统在转移成本与异质性经济主体双重约束下的产业分布状态，而且不同水平的贸易自由度下，市场对不同的劳动力转移成本的反应存在差异。

第七章　研究结论与未来展望

────── 第一节　主要研究结论与政策建议 ──────

空间因素在塑造经济地理格局中扮演着至关重要的作用，无论是产品还是参与经济活动的各种主体，都存在着跨区域"空间成本"。然而，传统的 NEG 模型往往只关注产品运输的"冰山交易成本"，忽视了劳动力的跨区域流动也存在转移成本这一事实。除此之外，不仅是产品之间存在多样化种类差异，参与经济活动的各种主体之间也存在着广泛的异质性。已有文献也充分证明了，突破传统"代表性"假设经济主体的"新"新经济地理学，也得出了更加易于接受的经济结论。但是，对于劳动力这一经济主体的探究，还不够深入。结合劳动力转移成本（外在属性）和劳动力异质性（内在属性）进行模型拓展，就成为本书最大的尝试。经典的 CP 模型，以劳动力为唯一生产要素，而且只有工业劳动力可以跨区域流动。围绕着工业劳动力，笔者思考劳动力的转移成本和劳动力异质性，通过在生产领域对参与经济活动"有效劳动"的内涵扩展，尝试将劳动力的转移成本和劳动力的异质性引入 CP 模型中，经过数理分析与数值模拟探讨了这两种属性在产业空间分布中的影响，并针对模型的结论，通过构建计量经济模型，验证了模型的结论。

一、主要研究结论

第一，空间在经济活动中扮演着重要的作用。基于文献梳理的角度，对空间的属性和空间是如何引入的经济学分析进行了综合考察。笔者发现，实体空间具有位置性、差异性、距离性和势能性四种基本属性，经济学在引入空间分析的"技术手段"大致也经历了"交通－运输成本""引力－场""冰山交易成本""异质性"四个阶段。当然，这种区分并不具有严格的时间意义，只是说在考察"空间"这一重要影响因素的过程中，已有研究都做出了什么工作。以此，为接下来通过抽象引入合理的虚拟变量，进行模型的构建提供理论支撑。

第二，通过对宏观数据进行的分析，笔者发现我国经济活动的集聚与非农劳动力的跨区域转移存在高度的耦合关系。通过劳动力这一视角，为理解我国的经济发展过程提供了现实依据。经济快速发展的40多年中，我国存在大量非农劳动力的跨区域转移，不仅有外在国际环境因素的影响，更有我国在制度层面和技术层面的重要促进。而且，随着教育投资的保持与增加，我国的劳动力在就业素质不断提高的同时，劳动力个体之间的差异性也越来越显著。我国已经由过去的人口大国向人力资本大国进一步向人力资本强国的历程迈进。

第三，劳动力转移成本在经济活动中，起到了非常重要的影响作用。通过在模型中引入转移成本折旧因子可以知道，随着转移成本的提升，经济活动越来越不活跃。这在模拟中的体现是，在转移成本折旧因子增加到一定程度之后，滚摆线图完全处于横轴以下，不再有产业的跨区域流动。除此之外，引入转移成本折旧因子的 CP 模型不再具有"对称"均衡的长期稳定结构，这是因为地区之间的劳动力要想在区域间进行转移，必须在能够消弭由于转移成本而导致的工资收入损失之后，仍然能够有剩余而且超过其在当地所能获得的工资收入。这就要求劳动力转入地区的市场规模足够大，才能对流动的劳动力具有吸引力，也才能打破对称均衡存在的可能。但是，仍然存在"核心－边缘"的长期稳定结构。

第四，贸易自由度仍然是影响产业空间分布的一个重要变量。但是，在引入劳动力转移成本折旧因子之后，发现不同贸易自由度的市场环境下，经济系统对劳动力转移成本的反应存在差异。具体来说，当存在劳动力的转移成本影响时，具有较高水平的贸易自由度，倾向于扩大本地区的市场规模，这可能与聚集租金和拥挤效应之间的博弈相关。在一定程度上，可以理解为随着贸易自由度的提高，本地区的产业转移存在较大的"黏性"束缚，尤其是当存在劳动力的转移成本时，这种产业转移"黏性"更加明显。

第五，劳动力异质性是决定一个地区市场规模的重要影响因素。尤其是高技能水平的劳动力，由于存在技能溢出效应，高技能水平劳动力的市场份额越大，区域市场规模也会越大。同时，不同技能水平劳动力的实际工资差额与相对技能水平劳动力的市场份额存在交叉影响，只不过高技能水平劳动力的实际工资差额对低技能水平劳动力市场份额的影响更大，这可能也与高技能水平的劳动力存在技能溢出效应有关。

二、政策建议

基于研究结论，可以提出以下政策建议：

一是，针对劳动力转移成本对产业空间分布的重要影响。在现实经济环境中，应不断改进不合理的影响劳动力自由流动的一系列制度安排，尤其是我国当下，以户籍制度为代表的制度安排，依然是横亘在劳动力自由跨区域转移中的一个重要"屏障"。同时，应充分注重交通基础设施在劳动力转移中的作用，通过不断完善各种交通网络的建设，为减少劳动力的转移成本提供技术支撑。

二是，针对劳动力异质性对产业空间分布的重要影响。根据我国的具体国情，虽然我们面临着日趋严重的人口老龄化"威胁"，但是仍然存在庞大的劳动力人口数量。在新时代，要加大对人力资本的投资力度，普遍提高从业劳动者的素质，有效地释放以高技能水平劳动力为典型代表的劳动力异质性在促进经济发展中的重要作用。

三是，考虑到我国广阔的经济地理空间格局，以及不同区域间存在的发展差异，应在改善我国整体市场环境、提高市场贸易自由度的同时，更好地引导产业的分梯度转移。

第二节　研究不足与展望

受精力、时间以及数据获取的限制，本书的研究还存在一些不足：

首先，在模型推导的过程中，由于研究问题的需要，只针对劳动力转移成本和劳动力的异质性对产业空间分布的影响进行分析，并没有进一步针对理论模型进行模型的稳定性分析，也就是说，并未对产业空间分布的突破点以及持续点进行数量论证。

其次，基于数据获得的可靠性，经验模型的面板数据时间跨度过短，虽然在一个时间跨度内有效证明了模型的结论，但是并没有充分展现40多年的快速发展历程。随着数据的丰富，可以增加一些更加切实的验证。

最后，经典的CP模型只是本研究的一种尝试，如何将劳动力的转移成本和劳动力的异质性更进一步地引入其他经典的模型，是否也存在一些新的结论，是今后努力与研究的方向。

参考文献

［1］阿尔弗雷德·韦伯. 工业区位论［M］. 上海：商务印书馆，1997.

［2］奥古斯特·勒施. 经济空间秩序［M］. 上海：商务印书馆，1999.

［3］安虎森. 新区域经济学［M］. 大连：东北财经大学出版社，2010.

［4］安虎森，刘俊辉. 劳动力的钟摆式流动对区际发展差距的影响——基于新经济地理学理论的研究［J］. 财经研究，2014，40（10）：84－96.

［5］艾小青，程笑，等. 社会歧视对进城农民工定居意愿的影响机制研究［J］. 人口与发展，2021（1）：73－85.

［6］保罗·R. 克鲁格曼. 发展、地理学与经济理论［M］. 北京：北京大学出版社，2000.

［7］保罗·R. 克鲁格曼，莫里斯·奥伯斯法尔德，马克·J. 梅利兹. 国际经济学：理论与政策［M］. 北京：清华大学出版社，2016.

［8］蔡昉. 人口迁移和流动的成因、趋势与政策［J］. 中国人口科学，1995（6）：8－16.

［9］蔡昉. 中国劳动力市场发育与就业变化［J］. 经济研究，2007（7）：4－14.

［10］蔡昉，王德文. 中国经济增长可持续性与劳动贡献［J］.

经济研究，1999（10）：62 – 68.

[11] 陈贵富，韩静，等.城市数字经济发展、技能偏向型技术进步与劳动力不充分就业［J］.中国工业经济，2022（8）：118 – 136.

[12] 程宏，朱沈钦钰，等.省际人口流动与房价波动联动性研究——基于分位数格兰杰因果检验［J］.数理统计与管理，2023（4）：649 – 663.

[13] 陈建军.要素流动、产业转移和区域经济一体化［M］.杭州：浙江大学出版社，2009.

[14] 陈良焜，贾志永，等.教育经费在国民生产总值中的比例的国际比较［J］.高等教育学报，1986（1）：30 – 36.

[15] 程梦瑶，段成荣.迁徙中国形态进一步确认［J］.人口研究，2024（3）：75 – 81.

[16] 陈诗一，陈登科.中国资源配置效率动态演化［J］.中国社会科学，2017（4）：67 – 83.

[17] 陈志恒，高婷婷.对外直接投资维护国家经济安全：日本的实践及其新动向［J］.现代日本经济，2023（3）：12 – 22.

[18] 邓曲恒，古斯塔夫森.中国的永久移民［J］.经济研究，2007（4）：137 – 148.

[19] 大前研一.专业主义［M］.北京：中信出版社，2015.

[20] 邓小平.邓小平文选（第3卷）［M］.北京：人民出版社，1993.

[21] 丁宵泉.农村剩余劳动力转移对我国经济增长的贡献［J］.中国农村观察，2001（2）：18 – 24.

[22] 邓仲良.人口疏解政策和劳动力流动——基于一个自然实验研究［J］.中国人民大学学报，2023（4）：52 – 66.

[23] 傅晗彧，王晓彤，等.工业化阶段演进中加工贸易对经济

增长集约化水平的非线性效应——基于平滑转移的阈值协整模型检验[J]. 国际经贸探索，2022（6）：58 – 75.

［24］范建勇，王立军，等. 产业集聚与农村劳动力的跨区域流动［J］. 管理世界，2004（4）：22 – 29.

［25］方茜，盛毅，等. 城市新区主导产业选择的理论分析框架与实际应用——以天府新区成都片区为例［J］. 经济体制改革，2017（1）：38 – 43.

［26］顾国爱，田大洲，等. 我国劳动力需求变动的产业与行业特征［J］. 中国人力资源开发，2012（9）：93 – 96.

［27］顾高翔，王铮. 技术扩散和资本流动作用下中国区域空间结构演化［J］. 地理学报，2014，69（6）：808 – 822.

［28］甘犁，等. 中国家庭金融调查报告2012［M］. 成都：西南财经大学出版社，2012.

［29］龚建文. 从家庭联产承包责任制到新农村建设［J］. 江西社会科学，2008（5）：229 – 238.

［30］高云虹，符迪贤. 异质性劳动力与工业空间集聚——基于中心 – 外围模型的扩展分析［J］. 财经科学，2015（11）：55 – 66.

［31］黄徐亮，徐海东，等. 长三角地区产业转移特征及其影响因素［J］. 经济地理，2023（1）：1124 – 132.

［32］黄祖辉，王鑫鑫，等. 人口结构变迁背景下的中国经济增长［J］. 浙江大学学报（人文社科版），2014（1）：168 – 183.

［33］盖庆恩，朱喜，等. 土地资源配置不当与劳动生产率［J］. 经济研究，2017（5）：117 – 130.

［34］郝凤霞，江文槿，等. 劳动力流动与地区制造业升级——基于转移升级和转型升级角度［J］. 产经评论，2021（6）：90 – 109.

［35］贾若祥，刘毅. 中国半城市化问题初探［J］. 城市发展研究，2002（2）：19 – 23.

［36］纪韶，朱志胜．中国城市群人口流动与区域经济发展平衡性研究——基于全国第六次人口普查长表数据的分析［J］．经济理论与经济管理，2014（2）：5-16.

［37］贾晓佳，程名望．中国农村劳动力省际转移（1978-2021）：数量估算与时空特征［J］．中国农村经济，2024（6）：72-93.

［38］刘晨辉，陈长石．劳动力流动、技能匹配与地区经济差距［J］．经济研究，2022（7）：45-63.

［39］李国锋．劳动力流动对经济增长的贡献：基于北京市的测算［J］．首都经济贸易大学学报，2009，11（3）：31-36.

［40］刘怀廉．农村剩余劳动力转移新论［M］．北京：中国经济出版社，2004.

［41］李俊，安虎森．空间的属性与经济学的空间引入［J］．西南民族大学学报（人文社科版），2017，38（8）：149-153.

［42］刘骏，张杰飞，等．城乡数字鸿沟对城市化进程阻力效应的实证研究［J］．统计与决策，2015（18）：86-90.

［43］林理升，王晔倩．运输成本、劳动力流动与制造业区域分布［J］．经济研究，2006（3）：115-125.

［44］梁琦．空间经济学：过去、现在与未来［J］．经济学（季刊），2005，4（4）：1067-1086.

［45］李秦，孟岭生．方言、普通话与中国劳动力区域流动［J］．经济学报，2014（4）：68-84.

［46］刘琦．地方政府债务风险：生产机制与规制路径［J］．学术界，2023（11）：81-91.

［47］李实．中国收入分配状况［M］．北京：社会科学文献出版社，2008.

［48］罗勇，王亚，等．异质型人力资本、地区专业化与收入差

距［J］．中国工业经济，2013（2）：31 – 43.

［49］刘毓芸，戴天仕，等．汉语方言、市场分割与资源错配［J］．经济学（季刊），2017（4）：1583 – 1600.

［50］刘修岩，殷醒民，等．市场潜能与制造业空间集聚：基于中国地级城市面板数据的经验研究［J］．世界经济，2007（11）：56 – 63.

［51］刘新争．比较优势、劳动力流动与产业转移［J］．经济学家，2012，2（2）：45 – 50.

［52］李娅，伏润民．为什么东部产业不向西部转移：基于空间经济理论的解释［J］．世界经济，2010（8）：59 – 71.

［53］陆益龙．户口还起作用吗——户籍制度与社会分层和流动［J］．中国社会科学，2008（1）：149 – 162.

［54］李玉梅，童玉芬．中国劳动力资源变化的新特点及其对经济增长的影响［J］．理论月刊，2016（1）：122 – 126.

［55］李占国，孙久文．我国产业区域转移滞缓的空间经济学解释及其加速途径研究［J］．经济问题，2011（1）：27 – 30.

［56］李志远，吴磊．中国劳动力市场的职业结构变迁［J］．经济学（季刊），2025（1）：35 – 52.

［57］马草原，倪修凤．"低技能排斥下"的劳动力跨地区流动——产出效应与收入分配［J］．南开经济研究，2024（3）：99 – 119.

［58］马克思，恩格斯．马克思恩格斯全集（第23卷）［M］．北京：人民出版社，1992.

［59］马双，赵文博．方言多样性与流动人口收入——基于CHFS的实证研究［J］．经济学（季刊），2019（1）：393 – 414.

［60］牛方曲，刘卫东，等．城市群多层次空间结构分析算法及其应用［J］．地理研究，2015，34（8）：1447 – 1460.

［61］宁吉喆.2016年中国恩格尔系数30.1%接近富足标准［EB/

OL］．http：//news. xinhuanet. com/finance/2017 – 10/10/c_ 129717960. htm.

［62］彭国华．技术能力匹配、劳动力流动与中国地区差距［J］．经济研究，2015（1）：99 – 110.

［63］齐兰，赵立昌．基于消费者异质性的产业组织理论研究新进展［J］．经济学动态，2015（12）：111 – 120.

［64］皮亚彬．劳动力迁移成本异质性、转移模式与地区差距［J］．河北经贸大学学报，2023（2）：78 – 87.

［65］秦书生，李瑞芳．论习近平经济思想中的科学思维［J］．经济学家，2022（6）：28 – 38.

［66］戚伟，赵美风，等．1982 – 2010 年中国县市尺度流动人口核算及地域类型演化［J］．地理学报，2017，72（12）：2131 – 2146.

［67］苏华，赵梦园，等．劳动力流动、产业转移与区域经济协调发展［J］．发展研究，2013（6）：35 – 38.

［68］世界银行．2009 年世界发展报告：重塑世界经济地理［M］．北京：清华大学出版社，2009.

［69］孙启明，白丽健，等．区域经济波动的微观动态基础：企业迁移和产业转移［J］．经济学动态，2012（12）：60 – 66.

［70］邵文波，盛丹．信息化与中国企业就业吸纳下降之谜［J］．经济研究，2017（6）：120 – 136.

［71］沈永建，于双丽，等．劳动力成本、产业转移与企业价值——基于富士康内迁事件的案例研究［J］．会计与经济研究，2017（4）：56 – 70.

［72］石智雷，周小强．中国成年流动人口二代的规模、特征与演变趋势［J］．人口与社会，2024（5）：29 – 42.

［73］山泽逸平．亚洲太平洋经济论：21 世纪 APEC 行动计划建议［M］．范建亭，等译．上海：上海人民出版社，2011.

［74］佟家栋．发展中大国的贸易自由化与中国［M］．天津：天津教育出版社，2005．

［75］万海远，李实．户籍歧视对城乡收入差距的影响［J］．经济研究，2013（9）：43－55．

［76］王军，朱杰，等．中国数字经济发展水平及演变测度［J］．数量经济技术经济研究，2021（7）：26－42．

［77］沃尔特·艾萨德．区位和空间经济学［M］．北京：北京大学出版社，2011．

［78］沃尔特·克里斯塔勒．德国南部的中心地原理［M］．北京：商务印书馆，2009．

［79］威廉·阿朗索．区位和土地利用［M］．北京：商务印书馆，2010．

［80］王金营，王晓伟．人口集聚与经济集聚匹配对劳动生产率影响研究［J］．人口学刊，2021（6）：1－13．

［81］汪润泉，赵广川，等．农民工跨城市流动就业的工资溢价效应——对农民工频繁流动的一个解释［J］．农业技术经济，2021（7）：131－144．

［82］伍山林．农业劳动力流动对中国经济增长的贡献［J］．经济研究，2016（2）：97－110．

［83］魏玮，毕超．环境规制、区际产业转移与污染避难所效应——基于省级面板 Poisson 模型的实证分析［J］．山西财经大学学报，2011（8）：69－75．

［84］王炜，郑悦．产业结构演进对东北三省人口流动的影响及对策分析［J］．学术交流，2019（6）：101－109．

［85］小岛清．对外贸易论［M］．周宝廉，译．天津：南开大学出版社，1987．

［86］许清清，范甜甜，等．我国人口迁移政策对产业结构升级

的影响研究——基于 2000 – 2016 年我国 31 个省的面板数据的实证检验 [J]. 宏观质量研究, 2019 (4): 48 – 63.

[87] 许士道, 江静, 等. 国家级高新区设立推动产业协同集聚了吗? ——基于双重差分法的实证检验 [J]. 经济问题探索, 2022 (11): 113 – 127.

[88] 徐现祥, 刘毓芸, 等. 方言与经济增长 [J]. 经济学报, 2015 (2): 1 – 32.

[89] 徐秀军. 治理"赤字"助长分配不均 [N]. 人民日报, 2017 – 4 – 14 (23).

[90] "一带一路"建设三年成绩显著 中国企业迎国际发展大空间 [EB/OL]. http://news.xinhuanet.com/fortune/2016 – 09/07/c_129272433.htm

[91] 杨春瑰. 劳动力迁移的 logistic 离散模型及其稳定性分析 [J]. 中国农村观察, 2003 (2): 45 – 49.

[92] 约翰·冯·杜能. 孤立国同农业和国民经济的关系 [M]. 北京: 商务印书馆, 1986.

[93] 杨开忠, 董亚宁, 等. "新"新经济地理学的回顾与展望 [J]. 广西社会科学, 2016 (5): 63 – 74.

[94] 于潇, 陈世坤. 提高收入还是提高公平感? ——对中国城乡劳动力工作满意度的考察 [J]. 人口与经济, 2019 (2): 78 – 91.

[95] 严雪心, 周婕, 等. 大城市近郊区产业类型对就业人口流动的差异化影响——以武汉市为例 [J]. 经济地理, 2023 (10): 63 – 74.

[96] 颜银根. FDI、劳动力流动与非农产业集聚 [J]. 世界经济研究, 2014 (2): 67 – 74.

[97] 颜银根. 农村剩余劳动力培训能促进产业转移吗? [J]. 财经研究, 2017 (6): 4 – 16.

［98］姚先国，来君，等．对城乡劳动力流动中举家迁移现象的理论分析——一个可行性能力的视角［J］．财经研究，2009（2）：28-38．

［99］姚秀兰．论中国户籍制度的演变与改革［J］．法学，2004（5）：45-54．

［100］杨亚平，周泳宏．成本上升、产业转移与结构升级——基于全国大中城市的实证研究［J］．中国工业经济，2013（7）：147-159．

［101］杨云彦，等．城市就业与劳动力市场转型［M］．北京：中国统计出版社，2004．

［102］张公嵬．我国产业集聚的变迁与产业转移的可行性研究［J］．经济地理，2010，30（10）：1670-1674．

［103］张可云，王洋志．农业转移人口市民化方式及其对收入分化的影响——基于 CGSS 数据的观察［J］．中国农村经济，2021（8）：43-62．

［104］张黎黎，马文斌．国内外产业转移的相关理论及研究综述［J］．江淮论坛，2010（5）：23-29．

［105］张乃丽．雁行形态理论研究新进展［J］．经济学动态，2007（8）：86-91．

［106］张同斌，王蕾．政策信号与流动人口长期居留意愿［J］．世界经济，2024（7）：97-122．

［107］赵伟，李芬．异质性劳动力流动与区域收入差距：新经济地理学模型的扩展分析［J］．中国人口科学，2007（1）：27-35．

［108］张露，罗必良．规模经济抑或分工经济——来自农业家庭经营绩效的证据［J］．农业技术经济，2021（2）：4-17．

［109］周文，赵方，等．土地流转、户籍制度改革与中国城市化：理论与模拟［J］．经济研究，2017（6）：183-197．

［110］郑鑫、陈耀．运输费用、需求分布与产业转移——基于区位论的模型分析［J］．中国工业经济，2012（2）：57－67．

［111］钟笑寒．劳动力流动与工资差异［J］．中国社会科学，2006（1）：34－46．

［112］张晓晶，汪勇．社会主义现代化远景目标下的经济展望——基于潜在经济增长核算的测算［J］．中国社会科学，2023（4）：4－25．

［113］朱希伟．偏好、技术与工业化［J］．经济研究，2004（11）：96－106．

［114］周亚，李克强．人力资本与经济增长［J］．中国学术期刊文摘，2006，42（18）：292．

［115］张英红、雷晨辉．户籍制度的历史回溯与改革前瞻［J］．湖南公安高等专科学校学报，2002（1）：103－107．

［116］张耀军，陈芸，等．城乡二元结构下中国人口流动格局及其解释——基于流向别的考察［J］．人口研究，2024（2）：118－132．

［117］周阳敏，高友才．回归式产业转移与企业家成长："小温州"固始当代商人崛起实证研究［J］．中国工业经济，2011（5）：139－148．

［118］"中国教育与人力资源问题"课题组．从人口大国迈向人力资源强国——中国教育与人力资源问题报告［J］．教育发展研究，2003，23（3）：22－26．

［119］Amiti, Pissarides. Trade and Industrial Location with Heterogeneous Labor［J］. Journal of International Economics, 2005, 67（2）：392－412.

［120］Anderson J E. Theoretical Foundation for the Gravity Equation［J］. American Economic Review, 1979, 69（4）：106－116.

［121］ Baldwin R. Agglomeration and Endogenous Capital ［J］. European Economics Review, 1999 (43): 253 – 280.

［122］ Baldwin R, Martin P. Ottaviano G. Global Income Divergence, Trade and Industrialization: The Geography of Growth Take-off ［J］. Journal of Economic Growth, 2001, 6 (1): 5 – 37.

［123］ Baldwin R, Okubo T. Heterogeneous Firms, Agglomeration and Economic Geography: Spatial Selection and Sorting ［J］. Journal of Economic Geography, 2006 (3): 323 – 346.

［124］ Becker S. Investment in Hu – man Capital: A Theoretical Analysis ［J］. Journal of Political Economy, 1962, 70 (5): 9 – 49.

［125］ Behrens K, Gaigne C, et al. How Density Economics in International Transportation Link the Internal Geography of Trading Partners ［J］. Journal of Urban Economics, 2006, 60 (2): 248 – 263.

［126］ Berliant M. , Fujita M. Dynamics of knowledge creation and transfer: The two person case ［J］. International Journal of Economic Theory, 2009, 5 (2): 155 – 179.

［127］ Borjas G. Friends or Strangers: The Impact of Immigrants on the U. S. Economy ［J］. New York Basic Books, 1993 (4): 731 – 732.

［128］ Combes P. Duranron G. , Gobillon L. Spatial Wage Disparities: Sorting Matters! ［J］. Journal of Urban Economics, 2008, 63 (2): 723 – 742.

［129］ Coniglio N. Regional Integration and Migration: An Economic Geography Model with Heterogeneous Labor Force ［J］. Departmental Discussion Papers, 2002.

［130］ Costinot A, Vogel J. Matching and Inequality in the Word Economy ［J］. Journal of Political Economy, 2010, 118 (4): 747 – 786.

［131］ Davis D, Dingel J. A Spatial Knowledge Economy ［J］.

American Economic Review, 2019, 109 (1): 153 – 170.

[132] Dixit A K, Stiglitz J E. Monopolistic Competition an Optimum Product Diversity [J]. American Economic Review, 1977, 67 (3): 297 – 308.

[133] Fei C H, Ranis G. A Theory of Economic Development [J]. American Economic Review, 1961 (9): 321 – 341.

[134] Forslid R. Agglomeration with Human and Physical Capital: An Analytically Solvable Case [J]. Discussion Paper No. 2012, Center for Economic Policy Research, 1999.

[135] Fujita M. Towards the New Economic Geography in the Brain Power Society [J]. Regional Science and Urban Economics, 2007 (37): 482 – 490.

[136] F. wang, A. Mason. The Demographic Factor in China's Transition [A]. in L. Brandt & T. G. Rawski (eds.), China's Great Economic Transformation [C]. Cambridge: Cambridge University Press, 2008.

[137] Gill S, Goh C. Scale Economies and Cities [J]. The World Bank Research Observer, 2010, 25 (2): 235 – 262.

[138] Hansen G. Prescott E. Malthus to Solow [J]. American Economic Review, 2002, 92 (4): 1205 – 1217.

[139] Harris C D. The Market as a Factor in the Localization of Industry in the United States [J]. Annals of the Association of American Geographers, 1954, 44 (4): 315 – 348.

[140] Hicks J R. The Theory of Wages [M]. London: Macmillan, 1932.

[141] Jorge D LR, Ottaviano G, Puga D. City of Dreams [J]. Diego Puga. 2014, 3 (2003): 200 – 218.

[142] Krugman, P. Increasing Returns, Monopolistic Competition

and International Trade ［J］. Journal of International Economics, 1979a
(9): 469 – 479.

［143］ Krugman, P. Scale Economics, Product Differentiation, and the
Pattern of Trade ［J］. American Economic Review, 1980 (70): 950 –
959.

［144］ Krugman, P. Increasing Returns and Economic Geography
［J］. Journal of Political Economy, 1991 (99): 483 – 499.

［145］ Krugman P. The Myth of Asia's Miracle ［J］. Foreign Affairs,
1994, 73 (6): 62 – 78.

［146］ Krugman P, Venables A. Globalization and the Inequality of
Nations ［J］. The Quarterly Journal of Economics, 1995, 110 (4): 857 –
880.

［147］ Lee E S. A Theory of Migration ［J］. Demography, 1975, 3
(1): 47 – 57.

［148］ Lewis W A. Economic Development with Unlimited Supply of
Labor ［J］. The Manchester School, 1954, 5.

［149］ Lin J Y. Rural Reforms and Agricultural Growth in China ［J］.
American Economic Review, 1992, 82 (1): 34 – 51.

［150］ Mark Huggett. The Risk – Free Rate in Heterogeneous – Agent
Incomplete-Insurance Economies ［J］. Journal of Economic Dynamics and
Control (17), 1993: 953 – 969.

［151］ Marshall A. Principles of Economics ［M］. London: Macmillan (8[th]ed.) , 1920.

［152］ Martin P, Rogers C. Industrial Location and Public Infrastructure ［J］. Journal of international Economics, 1995 (39): 335 – 351.

［153］ Martin R, Sunley P. Paul Krugman's Geographical Economics
and Its Implications for Regional Development Theory : A Critical Assess-

ment〔J〕. Economic Geography, 1996, 72 (3): 259 – 292.

〔154〕Martin P, Ottaviano G. Growing Locations: Industry in a Aodel of Endogenous Growth〔J〕. European Economics Review, 1999 (43): 281 – 302.

〔155〕Melitz M J. The Impact of Trade on Intra – Industry Reallocations and Aggregate Industry Productivity〔J〕. Econometrica. 2003 (71): 1695 – 725.

〔156〕Melitz M, Ottaviano G. Market Size, Trade, and Productivity〔J〕. Review of Economic Studies, 2008, 75 (1): 295 – 316.

〔157〕Mori T, Nishikimi K. Economies of Transport Density and Industrial Agglomeration〔J〕. Regional Science and Urban Economics, 2002 (32): 167 – 200.

〔158〕Mori T, Turrini A. Skills Agglomeration and Segmentation〔J〕. European Economic Review, 2005 (49): 201 – 225.

〔159〕Murata Y. Taste Heterogeneity and the Scale of Production: Fragmentation, Unification, and Segmentation〔J〕. Journal of Urban Economics, 2007, 62 (1): 135 – 160.

〔160〕Ottaviano G. Home Market Effects and the Efficiency of International Specialization〔R〕. 2001, GIIS, mineo.

〔161〕Ottaviano G. Monopolistic Completion, Trade, and Endogenous Spatial Fluctuations〔J〕. Regional Science and Urban Economics, 2001 (31): 51 – 77.

〔162〕Ottaviano G. Models of "New Economic Geography": Factor Mobility vs. Vertical Linkages〔R〕. 2002, GIIS, mimeo.

〔163〕Ottaviano G., Tabuchi T. and Thisse J. Agglomeration and Trade Revisited〔J〕. International Economic Review, 2002 (43): 409 – 436.

［164］ Ottaviano G. 'New' New Economic Geography: Firm Heterogeneity and Agglomeration Economies ［J］. Journal of Economic Geography, 2011（11）: 231 - 240.

［165］ Perroux F. Economic Space: Theory and Applications ［J］. Quarterly Journal ofEconomics, 1950, 64（1）: 89 - 104.

［166］ Picard P, Okubo T. Firms' Location under Demand Heterogeneity ［J］. Crea Discussion Paper, 2011, 42（6）: 961 - 974.

［167］ Ravenstein G. The Law of Migration ［J］. Journal of the Statistical Society of London, 1885, 48（2）: 167 - 235.

［168］ Robert-Nicoud F. A Simple Geography Model with Vertical Linkages and Capital Mobility ［R］. 2002, LSE, mimeo.

［169］ Samuelson P. The Transfer Problem and Transport Costs: The Terms of Trade when Impediments are Absent ［J］. Economic Journal, 1952（62）: 278 - 304.

［170］ Schultz W. Investment in Human Capital ［J］. American Economic Review, 1961, 51（1）: 1 - 17.

［171］ Sjaastad L A. The Costs and Returns of Human Migration ［J］. Journal of Political Economy, 1962, 70（5）: 80 - 93.

［172］ Starrett D. Market Allocations of Location Choice in a Model with Free Mobility ［J］. Journal of Economic Theory, 1978（17）: 21 - 37.

［173］ Stewart J. Demographic Gravitation: Evidence and Applications ［J］. Sociometry, 1948, 11（1/2）: 31 - 58.

［174］ Tabuchi T, Thisse J. Taste Heterogeneity, Labor Mobility and Economic Geography ［J］. Journal of Development Economics, 2002, 69（1）: 155 - 177.

［175］ Todaro M. Model of Labor Migration and Urban Unemployment in Less Developed Countries [J]. American Economics Review, 1969 (1): 138 – 148.

[176] Todaro M. Internal Migration in Developing Countries [M]. Geneva: International Labor Office. 1976.

[177] Todaro M, Maruszko L. Illegal Migration and US Immigration Reform: A Conceptual Framework [J]. Population and Development Review, 1987, 13 (1): 101 – 114.

[178] Tombe T. Zhu Xiaodong. Trade, Migration and Productivity: A Quantitative Analysis of China [J]. American Economics Review, 2019 (5): 1843 – 1872.

[179] United Nations. World Population Prospects: The 2012 Revision [M]. United Nations, 2013.

[180] Vernon R. International Investment and Investment Trade in the Product Cycle [J]. Quarterly Journal of Economics, 1996, (80): 190 – 207.

[181] Wen M. Relocation and Agglomeration of Chinese Industry [J]. Journal of Development Economics, 2004, 73 (1): 329 – 347.

[182] Xiaodong Zhu. Understanding China's Growth: Past, Present, and Future [J]. Journal of Economic Perspectives, 2012, 26 (4): 103 – 124.

[183] Zipf G. The P1P2/D Hypothesis on the Intercity Movement of Persons [J]. American Sociological Review, 1946, 11 (6): 677 – 686.